作者简介

　　李　珍　女，1981年11月生。博士，河北农业大学商学院讲师，硕士研究生导师。2005年获得管理学学士学位，2008年获得农业经济管理硕士学位，2013年获得农林经济管理博士学位。主要从事农村财务管理、林业资产评估等方面的研究，具体研究方向为农业新型经营主体、森林资源资产抵押价值评估、农业产业经济效益评价、林业扶贫、生态资源价值评价。近年来参与和主持省厅级课题十余项，在全国中文核心期刊发表学术论文二十余篇，获得保定市社科优秀成果一等奖一项。

河北农业大学农林经济管理博士论著

2016年河北省社会科学基金项目（课题编号：HB16YJ058）

李　珍◎著

森林资源资产抵押贷款价值评估研究

人民日报学术文库

人民日报出版社

图书在版编目（CIP）数据

森林资源资产抵押贷款价值评估研究／李珍著 . —
北京：人民日报出版社，2018.2
ISBN 978 - 7 - 5115 - 5344 - 7

Ⅰ. ①森… Ⅱ. ①李… Ⅲ. ①森林资源—抵押贷款—
信贷管理—研究—中国 Ⅳ. ①F832.43

中国版本图书馆 CIP 数据核字（2018）第 039034 号

书　　名：森林资源资产抵押贷款价值评估研究
作　　者：李　珍

出 版 人：董　伟
责任编辑：万方正
封面设计：中联学林

出版发行：人民日报出版社

社　　址：北京金台西路 2 号
邮政编码：100733
发行热线：（010）65369509　65369846　65363528　65369512
邮购热线：（010）65369530　65363527
编辑热线：（010）65369533
网　　址：www. peopledailypress. com
经　　销：新华书店
印　　刷：三河市华东印刷有限公司

开　　本：710mm×1000mm　1/16
字　　数：237 千字
印　　张：15
印　　次：2018 年 3 月第 1 版　　2018 年 3 月第 1 次印刷

书　　号：ISBN 978 - 7 - 5115 - 5344 - 7
定　　价：68.00 元

前　言

　　森林资源资产抵押贷款随着我国集体林权制度改革和国有林场改制逐渐发展起来,有效地解决了林业经营主体的资金难题,促进了林业和"三农"问题的良性发展。但在现实中,作为森林资源资产抵押贷款的服务机制——森林资源资产抵押贷款价值评估在理论和实务中的研究均不完善,在评估要素的选择和评估方法的应用方面,缺乏理论和准则的指引,严重影响了森林资源资产抵押贷款业务的顺利开展。

　　本书以森林资源资产评估理论和抵押目的的资产评估理论为基础,在对森林资源资产评估发展现状实地调查的基础上,对森林资源资产价值形成和价值特征进行了分析,提出了理论和技术方法上存在的问题。对目前评估理论上存在的模糊认识问题进行了梳理,分析了市场法、收益法和成本法确定森林资源资产抵押价值的适用性,以及三种方法在参数确定中存在的局限性,提出了抵押价值评估中参数选择的改进思路,最后用实际的案例对本书提出的改进思路和方法进行了验证。

　　通过对专业林业资产评估机构的资产评估报告书和工作底稿进行整理和分析,以及对资产评估师和森林资源资产评估专家深度访谈发现:我国从2006年以后,随着森林资源资产抵押贷款业务的开展,森林资源资产抵押贷款价值评估的业务量也不断增加,但林业资产评估行业的发展却落后于实践的需求。一方面,理论的研究滞后,评估缺乏准则指引;另一方面,在评估的技术方法上,评估参数的选择随意性大,评估结果难以客观公正,无法有效降低银行金融信贷风险。

　　对森林资源资产的价值形成、价值影响因素和特点进行分析。根据资产评估基本理论,对目前评估理论和实务中对评估要素的认识争端进行了梳理,从资产评估本质出发,围绕价值类型的核心概念,确定了抵押价值评估的各个评估要素以及计算抵押价值的技术方法。根据方法的适用性及资产自身的特点,市场法主要应用于成熟林,收益法主要应用于中龄林,成本法主要应用于幼龄林的价值评估。目前,三种方法在计算森林资源资产抵押价值的应用中,均存在一定的局限性。市场法中收入的确定以评估基准日当地林木的市场价格标准为基础,属于市场价值的计算,不适用于抵押价值;木材经营成本存在同样的问题;合理利润率的选择一般按照经验判断法在 12%～16% 之间,这种方法虽然简单,但缺少科学依据。收益法的应用需要确定的基本要素为收入、成本、折现率。收入和成本费用的确定均基于评估基准日木材市场的价格,这种价格标准应用于抵押价值计算中,存在量与价的口径不一致以及价与价值类型的口径不一致问题;折现率的确定采用经验判断法,结果的科学性受到质疑。成本法的参数的确定需要考虑资金的时间价值,评估实务中,往往采用与折现率相等的系数,评估结果受复利系数的影响,与概念不相符,且公式的结构缺少了合理利润的考虑。

根据抵押价值的"合法、足额、易变现"的三个基本特点,参数选择的依据是保证抵押资产"足额"的债务保障功能。应用市场法确定森林资源资产的抵押价值,考虑未来抵押期收入和成本费用的变化趋势,选择了谨慎保守的参数确定方法,改变了市场价值中采用评估基准日的价格标准计算主伐期木材销售收入和各项采伐成本费用的思路。收益法计算森林资源资产抵押价值,对抵押期间的木材价格走势进行预测,本着保守和谨慎的原则,选择未来抵押期间价格走势的低点计算收入;对未来抵押期成本费用趋势进行预测,取高点计算相关成本费用和地租;采用风险累加法计算林业资产的折现率,构建了林业资产的风险指标体系,在此基础上进行定量计算,与市场价值折现率不同的是,抵押价值评估的折现率需要考虑抵押资产未来变现的风险。对成本法计算公式进行了修正,根据马克思的劳动价值论,成本加利润确定资产价值的原理,在原计算公式中引入了成本利润率的概念,在计算成本和利润的基础上考虑生物性资产生长期的资金时间价值。

无论是传统的资产评估方法计算的市场价值还是本书提出的改进思路计算的抵押价值,所得到的估值结果通常表现为一个价值点,即点估计。但在评估实务中,资产评估方法的应用需要确定多个参数,大部分参数具有不确定性,尤其是森林资源资产在未来的抵押期间,收入、成本费用、风险等因素会随着市场条件的变化而变化,参数的随机波动,直接影响到估值结果,蒙特卡洛模拟通过建立概率模型,在讨论参数随机分布的基础上,利用重复实验的方法来求解不确定性问题,所得到的估值结果为区间估计。

本书在以下方面有所创新:(1)结合森林资源资产评估的实践现状和抵押目的的资产评估的理论,首次对森林资源资产抵押贷款价值评估的理论问题进行了分析。(2)采用博弈论的方法对目前学术界和实务界争论最多的价值类型进行了分析,提出在森林资源资产抵押价值评估中应该计算抵押价值代替市场价值,改变了目前我国在森林资源资产评估领域中,一切评估目的均以"市场价值"为主的现状。(3)在市场法、收益法和成本法的应用中,针对本研究所提出的抵押价值,分析了不同于市场价值的参数选择思路,运用时间序列分析、层次分析法和模糊综合评判的方法计算确定评估参数。(4)利用蒙特卡洛模拟方法计算森林资源资产的抵押价值,充分考虑了评估参数的不确定性,提出了计算抵押价值的新技术。

目　录
CONTENTS

1 引 言

1.1 研究背景

中央非常重视林业发展,在中央 1 号文件、国家"十三五"国民经济和社会发展规划纲要以及党的中央农村工作会议、中央经济工作会议、中央林业工作会议中,均提到林业发展工作,并作为深化农村改革的重要内容。2003 年 6 月,中共中央国务院颁布了《关于加快林业发展的决定》,确立了林业改革发展的大方向,一个以明晰产权、规范流转为主要内容的集体林权制度改革在各地深入开展起来,这对于激活现有林业生产要素、促进林业发展、推动新农村建设起了十分重要的作用。随着集体林权制度改革的进行,林业生产得到了发展,但在集体林权制度改革过程中,林业经营主体资金的缺乏严重制约了林区投资和林业的扩大再生产,开展以森林资源资产抵押贷款为主要内容的林业融资改革实现了农村信贷史上以林权证为抵押物的突破,盘活了活立木资产,使"立木"变"活钱",有效地解决了林业经营主体资金短缺的问题,使林业的资源优势转化为生产力优势,满足了林业发展资金的需要,促进了金融服务创新,同时也拓展了金融业务,实现了林业经济与金融创新业务的协调发展。

国家开发银行和国家林业局 2010 年颁布实施的《关于开展林权抵押贷款工作的指导意见》开行发(2010)112 号,明确规定:除农户个人申请的小额贷款外,其他森林资源资产抵押贷款借款人在设定抵押前,应聘请具有森林资源资产评估资质的中介机构对拟抵押的资产进行评估,这一方面为确定森林资源资产价值提供了有效的技术方法,保障了林业经营主体利益和金融信贷安全,另一方面也给资产评估行业带来了新的机遇和挑战。

森林资源资产评估是森林资源资产化管理的结果,在我国尚处于探索阶段,还没有形成一套规范的管理办法。而提供贷款的金融机构对森林资源资产这项抵押资产的价值和抵押的有效性尚存在疑虑,这主要是由于林业本身的经营风险和对抵押资产价值评估市场的发展不完善造成的。森林资源资产的抵押有其特殊性,生产经营周期长,生物资产本身具有价值增值性,以及容易受到自然灾害和人为因素的影响等,这使其作为一般抵押物进行评估,在评估方法和价值类型的选择以及不同方法要素的确定上都具有一定的特殊性。尽管近年来随着集体林权制度改革的进行,在北京、江西、云南、辽宁等地根据市场的需要,成立了一批森林资源资产评估机构,但我国资产评估事业本身起步较晚,发展相对落后,在森林资源资产评估方面更缺乏统一有效的管理制度和管理规范,存在着评估机构和评估人员管理混乱的诸多问题,在价值类型、价值影响因素、评估方法的选择等方面尚未形成一套完整的理论和方法体系指导。

森林资源资产抵押贷款评估理论研究的不足直接影响评估实务中对价值的合理判断,制约了森林资源资产抵押贷款的有序开展,因此,非常有必要对评估要素的确定和评估方法的应用进行专题研究,将其纳入集体林权制度改革的配套措施中,为林权制度改革提供有效的服务。

本书主要针对森林资源资产抵押价值的评估理论和方法进行研究,对于评估人员、机构和市场的规范等评估管理不作为研究重点。

1.2　研究目的和意义

1.2.1　研究目的

在我国集体林权制度改革进程中,森林资源资产抵押贷款作为一项金融创新,有效地解决了农户的资金需求问题,促进了林业和"三农"问题的发展。但现实中,作为森林资源资产抵押贷款业务的服务机制——森林资源资产抵押贷款资产评估在理论和实务中的研究均不完善,严重制约了森林资源资产抵押贷款的顺利开展,本书通过实地调查研究,根据森林资源资产评估理论和抵押目的的资产评估理论,分析森林资源资产价值的形成和抵押行为对森林资源资产的影响,以及抵押目的下资产评估价值类型的选择对评估结果的影响。对抵押目的下的森林资源资产评估技术进行研究,旨在解决森林资源资产抵押贷款中价值评估的评估理论和评估技术问题,以促进森林资源资产抵押贷款的顺利开展,加快我国集体林权制度改革的进程和我国林业发展。具体目的包括:

第一,对抵押资产价值的构成进行剖析,总结出森林资源资产作为一种生物性资产,其价值形成和价值的影响因素,以及在价值形成和价值实现过程中各个利益相关者对资产价值的影响。

第二,从现阶段我国对森林资源资产抵押价值评估的理论研究出发,结合评估实践,分析市场价值评估的特点和适用性,在深入剖析评估实质和评估目的的基础上,提出森林资源资产抵押价值评估的价值类型,并围绕抵押价值类型对各项评估要素进行分析。

第三,根据森林资源资产的价值特点和资产评估实践,分析在森林资源资产抵押贷款中所采用的三种评估方法(市场法、收益法和成本法)的优缺点及在抵押价值评估中的适用性。

第四,对三种评估方法进行研究,对评估实务中存在的现实问题进行分析,并围绕抵押价值的价值特点和评估原则,提出抵押价值评估方法改进或参数选择的思路。

第五,采用蒙特卡洛模拟技术计算森林资源资产的抵押价值,与传统的资产评估方法所计算的市场价值以及本书提出的改进思路所计算的抵押价值相比较,前者的评估结果为区间估计,后者为点估计。

第六,以实际的森林资源资产抵押贷款业务数据为基础,对所提出的评估思路和方法进行验证。

1.2.2 研究意义

森林资源资产抵押贷款价值评估,关键的问题是评估方法的应用和参数的选择,明确抵押目的下森林资源资产评估的评估各要素和评估方法的应用,有利于森林资源资产抵押贷款金融创新的顺利进行,具体的意义包括以下几个方面:

(1)理论意义

第一,有利于完善森林资源资产评估理论体系,目前我国在森林资源资产评估实务中所遵循的相关准则和规范已经远远落后于森林资源资产评估实务的发展,无法有效地指导评估实践,因此,对森林资源资产评估的技术方法进行研究,可以完善森林资源资产评估理论,更好地用于指导评估实践。

第二,我国抵押目的的资产评估从理论到实践都没有建立和形成一套统一的理论和方法体系,评估实务中也没有达成一致的认识,对抵押目的的森林资源资产评估进行研究有助于完善抵押目的的资产评估理论体系。

(2)现实意义

第一,有利于森林资源资产抵押贷款业务的顺利进行,有效解决林业经营主体的资金缺乏问题,促进我国林业经济的发展。目前森林资源资产抵押贷款尚未在全国范围内广泛开展,在已经开展的试点地区也存在一些问题,其关键问题之一便是森林资源资产评估的估值问题,对森林资源资产抵押贷款资产评估理论和实务进行研究,有效地解决估值问题,可以促进这项金融创新活动的顺利开展。

第二,有利于森林资源资产评估业务的开展,提高森林资源资产评估人员在资产评估行业中的地位。森林资源资产评估业务发展多年,但目前在整个资产评估行业中所占的市场份额并不多,且在森林资源资产抵押贷款过程中存在金融机构对资产评估的信任危机,完善森林资源资产抵押贷款资产评估的技术方法有利于评估事业的发展,提高其行业地位。

1.3　研究范围的界定

1.3.1　研究范围

本书的研究范围主要是森林资源资产抵押贷款中用于抵押的标的物的资产评估,以及在抵押目的下的评估理论和评估方法的研究。

（1）纵向时间纬度界定研究范围。森林资源资产抵押在一个经济行为下包括三个具体目的,对应抵押行为的不同阶段,即抵押物设定时为抵押标的提供价值参考依据;抵押贷款期间对抵押品数量和质量进行监管对抵押物价值进行评估;抵押期结束时,债务人为按期归还借款,对抵押物进行变现交易抵偿借款提供价值参考依据。本研究针对第一个阶段,即抵押资产设定时,对抵押物价值进行评估,具体研究抵押物设定时资产评估的理论要素和评估方法。

（2）横向资产纬度界定研究范围。国家林业局 2004 年公布的《森林资源资产抵押登记办法（试行）》中,明确规定了将可以抵押的森林资源资产规定为商品林中的森林、林木和林地使用权。具体包括:①用材林、经济林、薪炭林;②用材林、经济林、薪炭林的林地使用权;③用材林、经济林、薪炭林的采伐迹地、火烧迹地的林地使用权;④国务院规定的其他森林、林木和林地使用权。

本书对抵押资产评估主要针对商品林（包括用材林、经济林和薪炭林）的林木和林地,不包括特种用途林和防护林,对于林地资产、林下种植资源资产、森林景观资产等尚未纳入抵押的范围。作为抵押标的森林资源资产,其客体属于不动产,即生长在林地上的商品林（用材林、经济林和薪炭林）,树木或者竹子经过采伐之后所形成的材料,已不再属于不动产,而是动产木材或竹材,在会计中属于存货,不属于本书的研究范围。另外,森林资源资产的价值在国民经济中的重要作用使其既具有经济价值又具有社会价值和生态价值,在本书中,森林资源资产抵押贷款的资产评估只研究可用于抵押的森林资源资产的经济价值。在评估方法上主要侧重林木资产的经济价值。

1.3.2　研究对象

本书主要针对森林资源资产抵押贷款评估中的评估要素的选择和评估方法的应用进行研究。目前,我国专业的森林资源资产评估机构相对较少,北京中林资产评估有限公司是我国致力于森林资源资产评估的专业化评估机构,在对森林资源资产抵押贷款价值评估业务的实地调查中,笔者对公司自 2008 年以来的森林资源资产评估报告和工作底稿进行统计整理,总结出我国森林资源资产评估实务中在评估要素的选择和评估方法的应用方面的现状及存在的问题。为了更加详细地了解评估执业人员在执行资产评估业务中对评估要素的选择所考虑的因素,笔者还对中林公司的资产评估师、森林资源资产评估专家和项目经理进行了深度访谈。

1.4 国内外研究现状

1.4.1 森林资源资产抵押贷款概念和法律依据的研究

(1)国外关于森林资源资产抵押贷款的概念和法律依据的研究

目前所查找的文献中,国外对于森林资源资产抵押贷款并没有全面和系统的研究,其理论研究也只是在一些相关领域中涉及。随着林业经济的发展,世界各国都对林业融资给予不同程度的政府补贴和优惠政策。在发达国家,林业的融资方式不断拓展,主要采取政府补贴的方式支持森林资源资产抵押贷款,发达国家主要对借贷提供利率方面的优惠或者提高一定的补贴标准来支持林业经济的发展,执行以上政策的有美国、英国、法国、日本、巴西和葡萄牙等,日本和中国的台湾地区都有对于土地使用权抵押的相关规定,对农地的权利是指"永佃权"或"地上权"[5]。我国目前普遍使用"承包经营权"的概念,有学者认为这样的称呼更科学。在经济欠发达的一些发展中国家,如印度、智利、菲律宾等,由于能源短缺,往往更多重视林业的经济效益[6],随着经济的发展和国际社会对环境的重视,近些年也在逐渐加强对森林资源的保护力度,进行政策调控,加快林业融资发展,发放优惠贷款,建立林业基金等。

总体来看,国外发达国家更加重视林业的发展,林业金融的法律体系相对健全,主要以开展政策性信贷为主,金融体系相对较成熟稳定,一些非政府组织也发展了多种形式的地方信用合作,对林业产业提供更有力的资金保障。发展中国家林业金融体系相对发展较慢,但随着近些年经济的发展,也在逐步开展政府支持的林业信贷政策。

(2)国内关于森林资源资产抵押贷款的概念和法律依据的研究

在中国,森林资源资产的抵押权是林权权力的重要组成部分,是森林资源资产流转的重要形式。《土地管理法》第二条规定:土地使用权可以依法转让。这在法律上确认了含集体土地使用权在内的林权可以依法流通转让。《农村土地承包法》明确规定可以抵押的土地(含林地)承包经营权范围。国家开发银行和国家林业局 2010 年颁布了《关于开展林权抵押贷款工作的指导意见》,本指导意见所称林权抵押贷款是指林业经营主体以其本人或者第三人依法具有处分权的林权作为抵押向银行申请发放贷款。《森林法》第十五条对森林资源的流转权有明确规定。2004 年《森林资源资产抵押登记办法》第八条明确规定:可作为抵押物的森林资源资产为用材林、经济林、薪炭林;用材林、经济林、薪炭林的林地使用权;用材林、经济林、薪炭林的采伐迹地、火烧迹地的林地使用权;国务院规定的其他森林、林木和林地使用权。第九条明确规定:下列森林、林木和林地使用权不得抵押:生态公益林;权属不清或存在争议的森林、林木和林地使用权;未经依法办理林权登记而取得林权证的森林、林木和林地使用权;属于国防林、名胜古迹、革命纪念地和自然保护区的森林、林木和林地使用权;特种用途林中的母树林、实验林、环境保护林、风景林;以家庭承包形式取得的集体林地使用权;国家规定不得抵押的其他森林、林木和林地使用权。《担保法》第三十三条、三十四条对担保、抵押权也作了明确规定。但对于森林资源资产抵押贷款的概念在理论界和实务界尚未形成统一说法,学术界还有将森林资源资产抵押贷款称为森林资源资产质押贷款、林权典当、森林资源资产抵押贷款、森林资源资产典当、林权质押贷款等。目前,在实务界普遍采用森林资源资产抵押贷款的概念。

汪永红、祝锡萍(2008)分别从广义和狭义两个角度对森林资源资产抵押贷款进行界定,狭义的森林资源资产抵押贷款只包括森林、林木和林地使用权,广义的还包括森林景观资产、森林环境资源资产等无形资产。杨云(2008)撰文,从狭义角度上指出,林权抵押贷款为林权所有人将其拥有的森林、林木的所有权或使用权和林地的使用权作为抵押资产,向金融机构申请抵押借款,或为第三方借款提供担保的行为。邹海林和常敏(2005)、李莉(2008)在其论文中指出,森林资源资产抵押贷款是指林业经营主体,按照有关规定,以林业行政部门颁发的《林权证》载明的拥有或依法拥有处分权的林地使用权和林木所有权一并作抵押。经林业行政管理部门确权、评估和办理登记后向金融机构申请抵押借款的信贷品种。赵显波、李栋(2009)胡德耀(2010)分别撰文对森林资源资产抵押贷款的概念进行了界定,即借款人或第三人不转移符合规定的森林资源资产占有,以该资产作抵押物向金融机构提供担保,当借款人不履行债务时,债权人有权按照抵押合同约定将抵押资产进行折价或者拍卖、变卖抵押资产所得的价款优先受偿所发放的贷款。

除了森林资源资产抵押贷款的概念外,在学术界还有林权证抵押贷款的提法:黄顺斌(2005)提出,林权证抵押贷款的法律依据尚不明确,有待界定。《担保法》第三十四条列出了可以作为抵押资产的担保物,但对林权证抵押贷款并没有做出明确规定。《担保法》第六点提到:依法可以抵押的"其他"财产,但对于林权证究竟包括哪些权利,抵押权如何界定的问题还有待于进一步明确。

(3)森林资源资产抵押贷款的概念和法律依据研究的评述

综上所述,森林资源资产抵押贷款在我国是一项伴随着集体林权制度改革出现的新生金融融资渠道,目前,在我国南方集体林集中的地区存在一些试点,但尚未形成完善的理论用于指导实践,森林资源资产抵押贷款的概念以及所包括的抵押资产内容也没有形成一个清晰统一的界定。

分析目前学术界对这项融资渠道不同的提法:有森林资源资产抵押贷款、森林资源资产质押贷款、森林资源资产典当、林权典当、林权质押贷款等称谓。"质押"主要针对动产,"森林资源资产(或林权)质押贷款"的提法显然不妥。典当通常是转移资产由接受典当方占有的融资方式,因此,"森林资源资产(或林权)典当"的提法也不妥。"林权抵押贷款"和"森林资源资产抵押贷款"两个概念目前在理论界和学术界存在较大的争议,在学术研究和有关会议中,两个概念常常并存。

1.4.2 森林资源资产抵押的特点和价值影响因素研究

(1)森林资源资产抵押的特点和价值的影响因素研究现状

汪永红(2007)在其硕士学位论文中对浙江省森林资源资产抵押贷款融资创新进行研究时总结,用于森林资源资产贷款的抵押权具有以下特点:一是森林资源资产抵押贷款抵押权是不完全物权;二是森林资源资产抵押贷款抵押权具有债权性;三是森林资源资产抵押贷款抵押权是一种价值权;四是森林资源资产抵押贷款抵押权为优先受偿权;五是森林资源资产抵押贷款抵押权具有特定性。在对用于抵押的林木时指出,用材林生长周期长,对资金需求量大,但其砍伐具有一定限制,对抵押物的变现困难,经济林相对生长周期短,对资金需求量小,变现能力相对较强。陈文琴(2008)在其硕士学位论文对中森林资源资产抵押贷款风险监管问题进行研究,提出森林资源资产与其他的抵押物相比有其自身的特点:生长周期长,潜在价值高,因此要处理好林木生长周期和抵押期限之间的关系;林木的自然生长带来的价值增值使其不同于其他的价值不变的固定资产抵押,但同时森林资源资产抵押也有其固有的风险,如分布广泛,容易受到自然灾害的侵蚀等,这也造成在评估过程中对价值估价的风险。李莉(2008)在其硕士学位论文中对林木资产与林权抵押借贷双方行为进行了分析,指出:林木是森林资源资产抵押贷款中林权的物质载体,在物权法和担保法中界定为不动产,但与用于抵押的房产等具有资产的附着性、相对的保值增殖性、资产的自然属性、资产的相对固定性和区域性、较强的资产专用性和种类型态的多样性以及受林业政策影响的复杂性等特征。

(2)关于森林资源资产抵押的特点和价值影响因素研究的评述

综上,目前现有的研究中,对森林资源资产抵押的特点的描述更多还是基于森林资源资产本身的特点,在抵押融资过程中,抵押物林木所有权和林地的使用权既具有森林资源的生物资产的性质,同时又有作为抵押权的特殊性。森林资源资产在抵押目的下与其他资产有什么不同特点,森林资源资产抵押与其他不动产抵押有什么不同,以及森林资源资产价值构成和价值影响因素均没有深入的研究。

1.4.3 在抵押目的下资产评估价值类型选择的研究现状

(1)相关准则的规定

发达的资本主义国家对抵押资产价值评估问题的研究相对成熟,美国、日本等发达国家都出现过金融机构因抵押贷款到期无法收回而产生的巨额不良资产,因此,在规范抵押贷款价值评估方面颁布了很多法律规范,对抵押评估的研究主要体现在价值类型和评估方法两个方面。在《国际评估准则》(International Valuation Standards,IVS)和《欧洲评估准则》(European Valuation Standards,EVS)中都有对抵押目的的资产评估的相关规定。

中国《资产评估基本准则》规定,根据评估目的选择恰当的价值类型。抵押目的的资产评估究竟选择哪种价值类型,一直是理论界和实务界争论不休的话题:从国际范围来看,基本形成了两大主流观点,一是市场价值类型,二是非市场价值类型,非市场价值以抵押价值类型为核心。在国际资产评估实务中,对抵押目的的资产评估通常采用市场价值类型,例如《国际评估准则》(IVS)、英国皇家特许测量师学会《RICS 估价标准》、《美国评估准则》(USPAP)、《澳大利亚评估准则》《香港评估准则》等对包括抵押目的资产评估都是采用市场价值类型。但欧洲一些国家针对抵押目的资产评估采用抵押价值类型,最早提出抵押价值类型的是德国,随后在欧洲市场上逐渐推行并在《欧洲评估准则》(European Valuation Standards,EVS)中得到应用,新的巴塞尔资本协议(Basel Ⅱ,2004)也特别强调了抵押价值类型的运用。

《欧洲评估准则》(EVS)非常重视金融机构抵押贷款的评估,其中《准则》第6号规定担保贷款目的的资产评估采用抵押价值类型,这里的抵押贷款价值,是指考虑到资产的长期持续性、正常的和当地的市场条件、资产当前的用途和可能的替代用途等因素,通过对该资产的未来可出售性进行谨慎地评价,从而决定的资产价值。在估算抵押贷款价值时不应考虑投机性因素。在提供抵押价值类型的同时建议资产评估师提供市场价值,并分析两种价值类型结果的差异,当两者价值差异超过20%时,要求对所产生的差异在评估报告中进行说明,同时,根据抵押物的情况和外部的经济环境,除了采用抵押价值和市场价值之外,还可能选择在用价值、清算价值以及外来价值预测等作为评估的价值基础。

德国《抵押贷款价值评估条例》中对抵押贷款价值的定义,是指房地产的市场价值,这种市场价值是根据经验得出的,而且既不依赖于权威的房地产交易市场上的临时价格,也不依赖于由于经济景气状况而导致的价格浮动现象,同时该价值也不受整个抵押贷款期间有可能产生的投机因素的影响。《抵押债券法》第十六条第2款规定,抵押价值不能超过市场价值。对于商业房地产抵押价值评估,要求评估师选择抵押价值、可持久获得的价值,两者中任选一个乘以60%,与市场价值乘以50%,选择最低的那个数值作为测算降低资本要求的基础。2005 年,Bienert and Rehkugler 对抵押贷款价值在欧洲的实际应用进行了研究,并根据研究结果提出:对于市场价值来说,抵押贷款价值与抵押的目的更加匹配。

《国际评估准则应用指南2——以担保贷款为目的的评估》,明确要求,在以担保贷款为目的的资产评估时,评估师通常会根据国际评估准则的要求提供该资产的市场价值,并对市场价值作了明确定义。国际评估准则委员会在 2000 年的《国际评估准则 2》中,非市场价值基础引用了欧洲准则对抵押贷款价值的概念,到 2008 年第八版又作了进一步修改。总之,抵押目的的资产评估中明确了"市场价值"的核心地位,但并未否定采用其他的价值类型的可能性。

《美国评估准则》(USPAP)最初的制定动因源于抵押资产的不当评估所导致的金融危机,但目前尚没有包含抵押贷款目的的资产评估标准,价值类型的规范方面,USPAP 十分强调价值类型和市场价值的重要性,在许多条文中都涉及市场价值的要求。

英国皇家特许测量师学会出版的《RICS 估价标准》中采用了《国际评估准则》中的估价原则、程序和相关概念。指出按揭贷款价值在评价中要摒弃投机等因素,谨慎进行估价。

中国香港地区的资产评估准则《评估准则 8——用于抵押的资产评估》,资产评估师在进行抵押目的的评估工作中,通常是建立在市场价值基础上,而不选择市场价值以外的价值类型作为评估的基础。当银行或其他金融机构要求评估师基于市场价值以外的价值类型进行评估时,资产评估师通常要在评估报告中披露包含市场价值的内容,同时提供反映市场价值以外的价值类型与市场价值的差异的相关信息。

2006 年 1 月,我国建设部、人民银行和银监会联合发布的《房地产抵押估价指导意见》,以及 2008 年 7 月 1 日正式实施的《资产评估价值类型指导意见》都指出:注册资产评估师执行以抵(质)押为目的的资产评估业务,应当根据《担保法》等相关法律、法规及金融监管机关的规定选择评估结论的价值类型;相关法律、法规及金融监管机关没有规定的,可以根据实际情况选择市场价值或者市场价值以外的价值类型作为抵(质)押物评估结论的价值类型。1998 年中国人民银行发布的《贷款风险分类指导原则(试行)》规定,对于抵押资产价值评估,在有市场的情况下,按市场价格定值;在没有市场的情况下,应参照同类抵押资产的市场价格定值。

(2)实务界和学术界主要观点

在中国,实务界在抵押价值评估中多选择市场价值,通过对中林公司 2008 年以来的森林资源资产抵押价值评估的评估报告的统计也证实了这一点,在学术界,针对抵押价值的评估业呈现出不同的观点:国际评估准则委员会分会主席、新西兰不动产评估师 John Dunckley 认可市场价值,认为市场价值是一个得到广泛认可的价值类型;法国不动产评估专家 Philip Malaquin 认为,价值基础与市场价值类型的概念在法国早已经被普遍接受,非市场价值认识存在混乱,法国普遍采用市场价值类型,非市场价值主要应用于特殊资产的评估。国内学者崔宏分别在 2007年和 2008 年撰文讨论抵押资产评估应采用的价值类型,提出抵押贷款价值类型。刘桂良、招平在 2004 年提出,抵押资产评估宜采用清算价值类型。总之,目前抵押贷款评估业务中,价值类型的确定,在理论界和实务界并没有产生统一的观点。

(3)对抵押目的资产评估价值类型选择的评述

综上所述,对于抵押目的的资产评估,发达国家的研究更加完善和深入,价值类型的选择在实务界更多地受到《国际评估准则》和中国《资产评估准则》以及已有的政策法规和指导意见的影响而采用市场价值;但在理论界,有学者认为采用清算价值或变现价值。虽然各国对于抵押贷款评估业务所采用的价值类型规定不一,但发达国家对待抵押贷款评估业务的思想是一样的,重视抵押评估业务中对价值类型的规范,重视抵押物的可持续价值,重视对抵押资产的风险评估并以保障银行信贷安全作为评估第一要务,这是我国抵押评估业务中值得借鉴之处。

1.4.4　抵押目的下资产评估其他要素选择的研究现状

另外,在抵押价值评估的理论方面还存在着对于其他评估要素选择的研究,如评估的原则、前提假设以及评估基准日的选择等方面。

关于评估的前提假设的研究,周建佐(2002)撰文指出,在抵押贷款资产评估实践中,应该改变以往所采用的继续使用的前提假设,而改为采用清偿假设,而评估价值类型相应地变为清算价格。兰瑛(2004)对抵押资产价值评估理论分歧进行了总结,就抵押资产评估到底评估的是什么价值的问题,实务界人士多认为是市场价值,而学者则多认为是清算或变现价值,也有学者认为是清算价值的折现值。周建佐(2002)、刘宇迪(2012)撰文认为,抵押目的的资产评估应该设定为清算假设和非公开市场假设。王生龙(2003)撰文指出,抵押贷款的理论不完善主要是前提假设和价格标准和评估基准日的选择的模糊认识以及资产评估报告中的保护性说明,使抵押贷款资产评估的现状令人担忧。也有部分学者认为是采用公开市场假设或持续经营假设。

在评估基准日方面主要有抵押权设定时、还款清偿日和抵押权变现时三种选择,但实务中更多地采用第一种。王富炜、田治威等(2008)撰文认为,森林资源资产抵押贷款价值评估的基准日应该选择在贷款到期日,这样才能反映抵押贷款评估的真实目的。成以力(2002)撰文将抵押资产评估基准日分为三类:申请抵押贷款时,抵押资产价值变化较大时和抵押期届满时。

总之,目前的研究对价值类型的选择,评估基准日的确定,评估目的和前提假设等评估要素并没有形成一套完整的理论来指导评估实践。

1.4.5 资产评估方法的研究现状

在评估方法的选择方面,大部分学者坚持采用以市场价值为基础选择相应的评估方法:刘桂良、招平(2004)指出,借款方关心的往往是抵押资产的即期价值,而金融机构关心的则是抵押资产的到期变现价值,即清算价值,并提出了到期价值估算法和即期价值修正法两种评估方法。王书仁、刘元蕊(2004)和周永(2006)分析了不同的抵押物应该采用不同的评估方法,分析了评估方法对抵押物特点的适用性,但对市场价值的选择和评估基准日未做分析。

崔宏在2007年撰文,分析了市场价值类型在抵押目的的评估中的不适用性,提出抵押目的的评估理论体系应以"抵押贷款价值"为核心概念,其评估方法应以"折现现金流量法"为核心,以"期权定价法"为补充,提出资产的使用方关心的是资产为企业带来增值的能力,即资产的市场价值,而金融机构关心的是资产用于抵债的能力,即资产的清算价值。朱晶(2007)分析了重置成本法、市场法、收益法和清算价格法在抵押借款评估中的适用性,指出了评估人员应该根据抵押物的不同特点选择相应的评估方法。孟庆治(2009)指出,在抵押借款评估中,银行金融机构最关心的是抵押资产的变现值能否足额偿还借款额,因此,对银行抵押贷款的资产评估是对其抵押资产变现价值的评估。

由此可见,在对抵押物评估的具体方法方面,主要围绕传统的市场法、成本法、收益法,而我国评估理论界和实务界对抵押贷款价值评估的研究更多地侧重于如何防范金融风险,抵制不良资产的目的和对评估方法的研究较为单一。近些年,随着金融理论的发展和交叉学科的出现,现代应用数学、统计学等学科知识和工具被大量应用到评估领域,也出现了一些创新的方法,如进阶现金流量折现模型、蒙特卡洛方法、期权评估模型、实物期权法等新的评估方法,但这些方法并没有考虑到抵押资产的特殊性,在抵押资产价值评估的应用上有一定的局限性,在抵押目的下应该如何采用适当的评估方法没有形成成熟的研究体系。

1.4.6　森林资源资产评估方法的研究现状

(1)国外关于森林资源资产评估方法的研究

目前对于森林资源资产评估方法的研究较多,包括对林木资产、林地资产、森林景观以及整体企业森林资源资产的评估方法。发达国家的资产评估实务和理论的研究和发展比中国要早。

在理论研究方面,早在 1910 年,联合国林业署准备了一份有关世界森林资源的报告,包括各国关于森林数量、林产品价值和所有权管理等方面,这似乎是最早地尝试展示全部的森林资产及其利用。1980 年在联合国环境署的资助下,世界农业和粮食组织开展了全球森林资源评估,重点在森林采伐,19 世纪 80 年代,挪威、美国、加拿大、法国、英国、海地、萨尔瓦多、印度尼西亚等国家都相继开展了关于森林资源资产评估的研究课题。20 世纪 90 年代又同中国和哥斯达黎加合作,对纳入国民经济核算体系提出了新的理论和方法(Rob Koeling 等,2003)。法国 1987 年也发表了"法国自然资源核算账户",1989 年发表了"环境核算体系——法国方法"(G. Cuniberti 等,2003)。

在评估技术的应用方面,英国早在 1868 年就成立了皇家特许测量师学会(RICS),美国的资产评估业也有一百多年的历史。对森林资产评估研究最早源于德国的林价算法,美国于 20 世纪初引进德国算法,并随着经营学的发展而广泛应用于林业经营并发挥了重要作用,中欧经过长期研究与经验积累,发展到盈亏计算、成本计算时代。美国内布拉斯加州,田纳西州、密西西比州都做过关于城市森林资产评估方法应用的研究。马来西亚、韩国都在森林资源资产评价与环境评价、森林和环境资源的税收、损害评估和补偿等方面做过较深入的研究。日本的森林资产评估是从 19 世纪的古典林价算法开始的,"二战"后广泛引进西方经济学,目前多是沿用欧美的办法。随着经济发展,近几十年,在评估方法上也有很多创新和突破:群体评估(Mass Appraisal)在西方兴起,并应用于林木资产的评估中,Francis Galton、Wallace 和 Haas 提出相关技术分析模型和回归技术模型。在林种的研究上,国外主要是以成熟林和环境评估为主,尤其是对于成熟林的评估已经相当地深入。

在对林地的评估方法研究中,一些国家对于农用土地的评估有上千年的历史。根据 Barnett 和 Morse 对美国 1870—1937 年的农业、矿业、林业和渔业部门的劳动力、资本成本、固定资产价格趋势进行分析发现,林地的稀缺性在不断增加,因此,林地逐步成为一种稀缺物。目前,我国法律规定,林地不能作为商品进行市场交易,但其产权可以进行有偿转让。林地资产的价值评估是为产权交易服务的。它是使用者为取得产权所付出的代价大小。从实际使用的角度看,林地资产的价值高低,取决于使用者对林地经营的预期收益。因此,收益现值法是林地价值评估的理想方法。加拿大的 GoebelA 等人详细论证了影响林地价值量的主客观因素,林地对于当地农民来说其重要性要远远低于农业用地,社会系统的复杂性,当地的政策、历史、资源矛盾以及林地持有权等是研究林地政策的主要因素。芬兰的 OlliT 从林地取得成本角度论述了林地价值,指出成为私人所有的林地价值与原有财产所有权的收益。英国等西方国家的资产评估主要是不动产评估体系,而美国主要是综合评估体系,因此在实际的评估中更注重投资价值。

(2)国内关于森林资源资产评估方法的研究

目前,我国对森林资源资产抵押贷款评估的研究学术界几乎处于空白,所查文献中研究较早、数量较多的是关于森林资源资产作为生物性资产和无形资产的评估方法。在法律依据方面,森林资源资产评估明显不足,原林业部与国家国有资产管理局早在 1996 年和 1997 年就联合发布了《森林资源资产评估技术规范(试行)》和《关于加强森林资源资产评估管理若干问题的通知》,对森林资产评估的内容和方法作了原则性规定。到 2006 年年底,又由财政部、国家林业局联合下发了《关于印发〈森林资源资产评估管理暂行规定〉的通知》(财企[2006]529号),对森林资源资产评估工作作了进一步的规定,这些标志性文件对森林资源资产产权变动和森林资源资产评估的内容和方法作出了原则性的规定,为我国开展森林资源资产评估工作提供了政策依据和理论指导,客观上推动了我国森林资源资产评估和林业经济的发展,但对于森林资源资产抵押贷款评估目前尚没有具体的法律规范和指导意见出台。

我国的林价研究始于 20 世纪 50 年代,主要针对是否划分林价区、林价级和树种组进行了研究。70 年代末 80 年代初,由于以林价为基础的木材价格研究成为焦点,大大推动了对林价理论的研究,取得了积极效果。

对森林资源资产研究较早的有侯元兆和陈平留教授。侯元兆等早在 1995 年就全面地评估了中国森林资源价值。1996 年,陈平留、刘健就对森林资源资产评估进行研究,并于 2002 年出版《森林资源资产评估运作技巧》专著。郑德祥、陈平留教授 2000 年撰文分析了对林木评估的常用的几种类型:幼龄林采用重置成本法,中龄林及近熟林采用收获现值法,成过熟林采用市场价格倒算法。陈平留(2001)指出我国森林资源资产评估的技术和方法研究还不够深入与完善,《森林资源资产评估技术规范(试行)》为森林资源资产评估提供了评估测算和核查的技术和方法,主要是针对用材林的林木资产和林地资产,对经济林、竹林、防护林等其他森林资源尚未作进一步深入的研究。在评估方法的研究上,陈平留教授、刘健(2002)在其专著《森林资源资产评估运作技巧》中系统地介绍了森林资源资产评估的主要方法,具体介绍了用材林(同龄林、异龄林),经济林,竹林资源资产评估的方法,各类林地资源资产评估的方法,以及森林景观资源、整体企业森林资源、森林资源资产经营权等的评估方法。陈平留等(2004)提出小班生产条件调查的准确性直接影响到小班森林资源资产评估价值,他们通过对木材生产成本的分析,提出了小班生产条件调查的主要内容及方法,以期规范森林资源资产评估中的小班生产条件调查,对完善森林资源资产评估体系有所助益。刘健、陈平留(2003)提出采用林地期望价修正法对用材林林地进行评估。

魏远竹(2002)从森林资源资产化管理的视角研究了森林资源的价值理论和森林资源资产评估的管理,田明华(2003)撰文讨论了以马克思的劳动价值论解释森林资源价值的有关问题,为解决商品林森林资源市场化管理和运行提供了理论依据。乔羽彤(2007)撰文指出,目前运用市价法对林木进行评估存在缺陷,建议不论是中幼龄林还是近成过熟林都采用重置成本法为宜。万道印、李耀翔(2007)对用材林林木资产评估进行研究,分析了用材林林木资产评估的模式和评估方法。万道印、苏喜廷(2009)对小兴安岭用材林林木资产评估进行研究,对评估程序和方法进行了分析。赵建平、王宏伟、霍振彬(2009)基于评估实践经验撰文指出,目前我国实行的《森林资源资产评估技术规范》在选用评估方法时考虑的是森林资源资产不同的生长阶段,而不是价值类型,评估方法的选择未能遵循评估目的和价值类型,评估方法的固化对评估结果的合理性带来严重影响。

我国当前对于林地资产评估的方法研究仍然是森林资产评估中的薄弱环节。《森林资源资产评估技术规范(试行)》中确定的林地资产的评估方法主要有现行市价法、林地期望价法、年金资本化法和林地费用价法等(陈平留,1994,1995,2002;课题组,1997;郭进辉,2004)。单胜道、尤建新(2003)对林地价格评估方法体系进行研究,提出要根据评估目的、资料信息和用地的类型选择恰当的评估方法。刘降斌(2007)撰文在研究林地资源资产特点的基础上,对林地资源资产评估中的主要方法进行了分析,讨论了各种方法的应用范围和原理。·分析了立地质量、经济质量、森林资源经营方式、有林地和无林地、评估时间和交易时间等影响因素对林地评估价值的影响,并分析了林地现行市价法、林地期望价法、年金资本化法和林地费用价法等方法在林地评估中的应用。林凡华、王庆林等(2007)撰文分析了林地和林木的价值评估方法,指出对林地进行评估时,无林地的地价(地租)一般采用现行市价法;未成林造林地,人工幼、中、近熟林地的地价采用林地期望价法。并用案例验证了每种方法的应用。胡瑶瑶,奚祥华(2009)对林地评估方法进行探讨,认为收益法中的收益现值法和比较方式评价方法中的现行市价法评估林地资产的价值较为理想。

综上研究可见,我国在森林资源资产评估方法的选择方面,主要围绕着市场法、收益法和成本法,对方法的研究集中于两个方面:一是方法与资产特征的适用性分析;二是方法应用的影响因素,如立地质量、地利因素、经济质量对方法应用和价值结果的影响。但在方法的创新方面,则研究较少。

(3)国内外关于森林资源资产评估方法研究的评述

综上所述,森林资源资产抵押贷款的研究和森林资源资产评估方法的研究比较多,但对于"抵押目的下的森林资源资产评估"从理论到方法研究的却少之又少。

具体评估技术的研究,发达国家较成熟,尤其是对成熟林木的评估方法相当深入,主要采用市场法进行评估,而对于中龄林和幼龄林研究相对较少,技术尚不成熟,对抵押目的的林权评估的研究几乎没有。我国森林资源资产评估的理论和实务研究都起步较晚,但随着林权制度的改革,近十几年来开始有了迅速的发展,不少学者对具体评估方法有了较多的探讨,尤其是对用材林的评估方法探讨较多,但对商品林中的经济林、薪炭林评估方法的研讨较少,部分学者认为目前我国实行的《森林资源资产评估技术规范》,在指导评估实务中存在一定缺陷,应该进一步进行修订和细化。另外,在这些研究中,对每种方法具体的适用性和每种方法要素的选择上并没有作深入的研究,定量的实证分析和案例分析较少,在现有的评估理论研究中,更多的是对森林资源资产作为生物资产价值的探讨,对于抵押目的的林权的价值的特点、影响因素、方法的选择并没有深入的研究。

在林地评估方法上,发达国家较成熟,主要方法有现行市价法、林地期望价法、年金资本化法和林地费用价法等。现有文献中,方法的创新较多,但对林地的评估方法与评估目的,价值类型之间的关系探讨较少,对于抵押目的的林地评估价值的影响因素、评估要素与抵押价值之间的关系都未作深入探讨。

1.4.7 评估方法中参数确定的研究现状

陈平留教授在1994年首次提出在森林资产的评估中合理利率的确定是极为重要的,探讨了纯利率、风险利率和通货膨胀率对评估值的不同影响。刘健、陈平留(2006)通过对现有林地评估的市价法、林地期望价法、年金资本化法和林地费用价法等方法的缺陷进行分析,在林地期望价修正法的基础上,考虑随着时间推移和社会经济变异所引起的林地质量差异、地区差异和物价变异,构建出由林地标准地租、立地差异系数、集材费用、运输费用、地区差异系数和物价变动指数所组成林地资产动态评估模型,但由于模型的构建是基于福建西北地区,在应用中具有一定的局限性。2006年,张道卫等指出,即使在以私有林为主、林业商品经济发达的美国南部,森林资源资产价值的评估也是一项技术性很强的工作;在有关技术经济指标(价格、成本、生长率)一定的情况下,使用不同的评估方法和利率得到的森林资源资产评估价值可能相差一倍或数倍,认为《森林资源资产评估技术规范(试行)》对森林资源资产的评估方法规定得过死,不够科学。收益现值法也可以并且应该用在幼龄林评估之中。现行《技术规范》对不同龄林评估对象,采用固化的评估方法,还会造成不同龄组间无法衔接的问题。

对于折现率的研究,《国际评估准则》要求评估人员考虑当期的利率水平、预期投资报酬率和预期现金流等相关因素的影响。赵邦宏(2002)对企业价值评估中折现率进行研究,提出折现率的确定遵循三个原则:不低于无风险报酬率原则;以行业报酬率为基准的原则;与收益额相匹配的原则。我国在森林资源资产评估中,1996年《森林资源资产评估技术规范(试行)》对折现率的确定中指出,森林资源资产评估中采用的利率包含经济利率和风险率两部分。由于所采用的收入和成本为评估基准日的价格标准,因此,利率的确定也不包括通货膨胀的因素,这也体现了折现率与净收益口径一致的原则。其中,经济利率为国债年利率扣除当年通货膨胀水平的利率,大约为3.5%,风险利率为造林失败、病虫害、风雪灾害等和人为破坏等因素,一般不超过1%。陈平留主编的《森林资源资产评估》对投资收益率的概念进行了细分,并针对森林资源资产评估,确定投资收益率,给出了4%的经验值。李萍(2001)基于江西省有关资料,计算出江西省造林失败风险率、火灾风险率、人为破坏风险率、病虫害及其他自然因素风险率等相加总的森林资源资产风险为1.1%。以上的经验值大多基于某个地区的调查资料。

在林地使用权评估的参数确定上,蔡会德、唐义华等(2006)撰文对林地资产评估中现行市价法应用中的立地质量调整系数确定方法进行探讨,通过建立林分平均树高与环境因子的逐步回归模型以及标准蓄积与林分平均树高模型,获取待评估林地的预估蓄积,并以预估蓄积与参照评估林地蓄积之比作为立地质量调整系数。

综上可见,在森林资源资产评估中,对方法中具体参数的研究相对于方法本身较少,在参数方面的研究,主要集中于三个方面:一是利率或折现率的研究;二是对成本费用项的研究;三是对质量调整系数的研究。

1.4.8 蒙特卡洛模拟在资产评估中的应用研究现状

(1)国外关于蒙特卡洛模拟在资产评估中的应用研究

由于资产评估中的经济参数具有不确定性,国外学者较早地展开了对蒙特卡洛方法的研究。1972年,Ratcliff首次提出了资产评估中所存在的不确定性问题,并从概率和数理统计角度对这种不确定性进行了深入分析,借助蒙特卡洛模拟技术解释资产评估中参数的不确定性问题。此后,众多学者对评估不确定性问题进行了大量的探讨。Giaccotto &Clapp(1992)运用了蒙特卡洛模拟方法研究房地产收益,得到的结论是估价师应估计报酬而非价值。Mallinson Reports(1994)研究指出,评估结果作为一种价值估算,具有不确定性,而不是资产的实际价值。French&Mallinson(1998)进一步使用了正态分布来表示评估结果的不确定性。French(2004)在马林森报告和嘉士伯报告的基础上,更深入地研究了资产评估不确定性问题,进一步将概率论、三角形分布、正态分布引入了对不确定性的分析中,从而将概率论作为测量不确定性的一种方式,并将蒙特卡洛模拟引入对 DCF 模型的分析,得出评估不确定性的一种方法。Abhishek Vaish、Aditya Prabhakar 等(2011)以及 Hans Janssen(2013)分别采用蒙特卡洛模拟技术对传统的估值方法进行改进,认为这种基于概率分析和随机抽样的模拟技术能够更好地解决资产评估方法中参数的不确定问题,避免人为的主观判断给评估结果带来的不科学性,对资产做出更为科学有效的评估。Hans Janssen 同时指出蒙特卡洛模拟技术在抽样效率和收敛性方面对评估计算成本存在一定的限制和约束。

(2)国内关于蒙特卡洛模拟在资产评估中的应用研究

国内对于蒙特卡洛模拟方法在资产评估领域的应用起步较晚,应用相对较少。近些年,评估结果的准确性直接或间接地影响着评估中利益相关方,资产评估的不确定性问题逐渐受到人们的关注,蒙特卡洛模拟作为处理不确定性问题的有效手段,逐渐受到学者们的重视。严绍兵、张莹(2004)指出评估结果以单一的估值表示,一定程度上限制了其使用价值,也没有涵盖"正常的不确定性",因此应重视对评估中不确定性的描述,并尝试通过蒙特卡洛模拟技术对其加以鉴别,以此提升评估结果的可信度。闫雪晶(2006)和王寅(2010)将蒙特卡洛模拟方法应用于房地产投资风险评估中,利用实证分析的方法,得出蒙特卡洛模拟方法能够有效地预测出不同企业的投资风险问题。王寅指出了蒙特卡洛方法的一些优点,并指出了当模拟的重复次数达到 50~300 次时,得出的结果就具有了收敛性。李波(2010)探析了不动产评估中的蒙特卡洛方法的应用,认为商业银行基于风险控制的需要,鼓励采用收益法对抵押物进行估值。但具体评估实物中很少考虑影响收益的因素。从而考虑了引入蒙特卡洛模拟方法对这一问题进行修正和完善。他认为,由于我国评估界数据的缺乏,无法客观、合理地得到具体变量的分布概率,在进行实证分析时对变量的分布做了简单的假设。最后,他还指出了在收益法评估中应用蒙特卡洛方法具有一定的局限性。朱强(2013)以收益法中的不确定性为切入点对资产评估中的不确定性及来源进行深入分析,最终借助蒙特卡洛模拟技术对企业价值进行区间估计。

(3)国内外关于蒙特卡洛模拟在资产评估应用研究的评述

综上所述,国内外学者对蒙特卡洛方法研究资产评估中不确定性问题日益深入,取得了实质性的研究成果。与国外学者相比,国内学者对该问题的研究相对滞后,且研究多用于解决给定模型中的参数不确定性问题,具体结合某一特定行业及行业不确定性进行研究的则比较少。在所查找的文献中,蒙特卡洛模拟在林业评估中的应用几乎空白,而森林资源资产的生产经营及抵押贷款过程中存在诸多风险和不确定性,在林业评估的过程中,存在着参数的主观估计现象,因此,借鉴蒙特卡洛模拟技术,应用于森林资源资产抵押价值的评估非常有意义,国内外已有的研究成果对本书的研究提供了理论上和方法上的支持。

1.4.9 总结

(1)目前,我国对于抵押目的的资产评估的理论研究有一些,主要散见于一些规章制度和小型学术论文以及部分硕士毕业论文中,主要集中于价值类型、评估基准日、评估方法的选择和应用方面,但至今尚未形成一套完整的理论来指导抵押目的的评估实践。我国也没有一套抵押目的下的成熟的评估理论和准则用于指导实践,已有的研究中争论最多的是对于价值类型的确定和评估方法的选择。

(2)通过对文献的搜集和阅读发现,有关森林资源资产抵押贷款问题的研究文献有一些,在已有研究中,以小型学术论文、工作总结和新闻报道类的文章居多。对于森林资源资产抵押贷款的抵押物评估尚没有深入的研究,评估方法的研究几乎空白,在现有的文献中更多的是对森林资源资产评估进行研究,即对林木和林地资产本身价值进行研究,但对用于抵押目的下森林资源资产的评估方法几乎没有研究。森林资源资产评估的结果受到诸多因素的影响,具有一定的风险和不确定性,参数的主观估计影响了评估结果的准确性和科学性,蒙特卡洛模拟方法能够更加科学有效地评估资产价值,目前,理论和实务界并没有开展蒙特卡洛模拟方法在林业评估中应用的探讨,这为本书的研究提供了新的视角。

1.5　研究思路与论文框架

在森林资源资产抵押价值评估中,目前理论和实践的研究均处于空白。一方面,抵押目的的资产评估在我国的评估实务中选择的是市场价值类型,部分学者提出抵押价值类型,但对于抵押价值评估方法的研究也缺乏一定的实践验证。另一方面,森林资源资产价值评估在我国评估行业也处于弱势地位,缺乏相应的评估准则规范,评估理论的研究落后于实践的发展。

随着我国集体林权制度改革的完成和国有林场改革的进行,林业经营主体迫切需要资金支持林业经营,森林资源资产抵押业务越来越多,对森林资源资产抵押价值评估的科学评估也越来越迫切,本书以此为切入点,研究森林资源资产抵押价值的评估,主要按照以下思路进行研究:第一,利用在专业的林业资产评估机构收集的关于抵押目的的森林资源资产评估案例和工作底稿进行分析,总结目前抵押价值评估在评估要素的选择和评估方法的应用中存在的问题。第二,对抵押资产森林资源资产的价值特征和价值影响因素进行分析,并对森林资源资产抵押价值评估的特点进行分析,为后边章节评估方法的研究作铺垫。第三,在对资产评估的实质和评估目的研究的基础上,提出"抵押价值"替代传统的"市场价值"类型,并围绕价值类型,探讨相关评估要素。第四,对市场法、收益法和成本法三种评估方法在抵押价值评估中的适用性进行分析,并剖析每种方法在评估实践中存在的问题和局限性,针对抵押价值,提出每种方法参数选择的思路。第六,分析森林资源在资产抵押价值评估中的不确定性因素和随机变量,提出利用蒙特卡洛模拟技术计算森林资源资产的抵押价值,并与传统的资产评估方法所计算的市场价值以及本书提出的改进思路所计算的抵押价值相比较。第五,结合实际案例验证本书中提出的抵押价值计算思路和蒙特卡洛方法,同时利用传统方法和思路计算市场价值,对评估结果进行对比,得出结论。

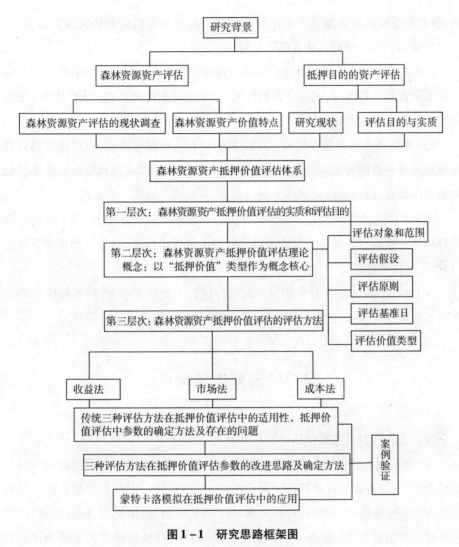

图 1 – 1　研究思路框架图

Fig 1 – 1　The frame of the research

1.6　研究方法

本书以森林资源资产抵押贷款中的抵押价值评估为研究对象,在查阅大量文献和实地调研的基础上,综合运用经济学、资产评估、管理学、森林经理等相关知

识,研究和分析森林资源资产抵押价值评估。根据研究目标和研究内容的需要,本书所采用的主要研究方法有以下几种:

(1)文献调查分析法。对国内外有关森林资源资产抵押贷款中的资产评估研究成果和资料进行梳理,通过分析和思考,抽象出普遍性的原理,为本书进一步深入的研究打下理论基础。

(2)典型调查法和深度访谈。运用典型调查法和深度访谈,对目前我国森林资源资产抵押价值评估现状和特点进行分析和总结,并深入森林资源资产评估机构和林场调查,以相关抵押案例为调查对象,获取研究的第一手资料。

(3)计量经济学的方法。在评估方法的参数选择和计算中,采用了时间序列回归和基于模糊数学的综合评判法以及蒙特卡洛模拟技术,对获取的相关资料进行分析、处理和计算。

(4)案例分析法。在对方法和参数选择进行改进的基础上,用实际的案例对方法和参数进行验证,计算抵押价值,并与传统方法计算结果进行对比。

1.7 主要的创新点

该论著的创新点主要包括以下几方面:

(1)理论创新。①结合森林资源资产评估的实践现状和抵押目的的资产评估的理论研究,分析森林资源资产的价值特征,对学术界一直存在模糊认识的抵押目的资产评估的理论问题进行分析:厘清了评估目的、价值类型、前提假设、评估基准日等评估要素之间的关系。即森林资源资产抵押价值评估的本质和评估目的作为理论研究的第一层次,决定了第二层次:以价值类型为核心的各项评估要素的确定;并以价值类型为核心决定了第三层次:技术方法的应用。②提出在森林资源资产抵押价值评估中采用"抵押价值"类型,采用了博弈论的方法对目前理论界、实务界争端最多的市场价值、抵押价值、清算价值进行分析和论证,突破了目前我国在森林资源资产评估领域中,不同评估目的在选择价值类型时,均以市场价值为主的现状,并对森林资源资产抵押价值评估中的价值类型进行了概念界定。

（2）方法创新。①在评估方法的应用中,针对本书所提出的抵押价值,分析了不同于市场价值的参数选择思路。在市场法中,分析了市场价倒算法在林木资产的抵押价值评估中的适用性,对未来抵押期间成本收益进行预测,提出了计算"抵押价值"的参数确定的思路;在收益法中,运用时间序列分析,对未来抵押期间的收益进行预测,在折现率的确定中,突破了目前实务中采用经验判断为主的方法,运用层次分析法和模糊综合评判的方法计算折现率;在成本法中,分析了成本法在"抵押价值"计算中受到的限制,这种限制源于抵押资产本身的风险性,并对成本法的公式结构进行了优化和改进,采用时间序列分析预测未来抵押期间的价格和成本费用的变化。②在分析森林资源资产经营风险和抵押期间的不确定性因素的基础上,提出蒙特卡洛模拟计算森林资源资产的抵押价值,充分考虑了评估参数的随机性,提出了计算抵押价值的新技术。

2 森林资源资产抵押贷款价值评估的理论基础

2.1 相关概念

2.1.1 森林资源与林权

资源是一个国家或地区所拥有的人力、物力和财力等各种物质要素,分为自然资源和社会资源。有些资源是自然生成的,有些则属于人力所为。森林资源属于自然资源,是林地以及地上所生长的森林有机体的总称,森林资源以林木资源为主,还包括林中和林下资源,植物、动物、微生物和其他自然环境因子等。林地分为乔木林地、疏林地、灌木林地、林中空地、采伐迹地、火烧迹地、苗圃地和宜林荒地。以上所包括的内容属于广义的森林资源,其中林木资源是狭义的森林资源。

森林资源包括森林土地资源、森林生物资源和森林环境资源。从其价值内涵上看,包括森林的生态内涵、森林的经济内涵和森林的社会内涵。

对林权概念进行界定之前先要搞清产权的概念。无论是日尔曼法系还是罗马法系,都强调所有权在产权中的中心地位。法国民法学家罗伯特·霍恩、海因·科茨等认为:"所有权具有丰富的经济和政治内涵,它不仅仅是一种财产权利。"我国《物权法》也确立了所有权的主导地位。"林权"的概念是从物权法角度对林权概念进行细分,林权至少包括森林、林木所有权,林地所有权,森林、林木使用权,林地使用权,林地承包经营权,林地地役权和森林资源资产抵押权。而林权登记的规定同样是从不动产物权的确权要求进行登记对林权权利进行确认。

目前我国的相关规定中对林权的概念界定,最早出现在 2010 年 4 月《林木和林地权属登记管理办法(征求意见稿)》,本办法所称林权是指森林、林木和林地的所有权和使用权、依照法律法规规定需要登记的农村林地承包经营权以及由此派生的他项权利。

2.1.2 资产与森林资源资产

资产是资产评估的对象,在不同的学科中,资产有着不同的概念解释。

会计学中的资产是六大会计要素之一,我国 2006 年 2 月 15 日,财政部颁布的《企业会计准则》中对资产的定义是:"过去的交易或事项获得的,由企业拥有或控制的,逾期可以给企业带来经济利益的资源。"经济学中的资产的范围比会计学中的要广,即特定权利主体拥有或控制的,能够给特定权利主体带来经济利益的经济资源,其外延包括所有具有经济价值的实物资产和无形权利[91]。

资产评估的对象并不局限于企业的资产,凡是能够引起资产评估活动的事项中,所涉及的资产都属于资产评估的对象,因此,资产评估中对资产的界定,更接近于经济学中资产的概念。

森林资源资产的概念由来已久,在不同的法律法规和相关制度中均有相关规定。1996 年 12 月 16 日,国资办发[1996]59 号《森林资源资产评估技术规范(试行)》,本《规范》中所指的森林资源资产主要包括森林、林木、林地和森林景观资产。

财政部、国家林业局关于印发《森林资源资产评估管理暂行规定》的通知(财企[2006]529 号),本《规定》所指森林资源资产,包括森林、林木、林地、森林景观资产以及与森林资源相关的其他资产。

2004 年 7 月 23 日颁布的《森林资源资产抵押登记办法(试行)》中,森林资源资产抵押是指森林资源资产权利人不转移对森林资源资产的占有,将该资产作为债权担保的行为。可用于抵押的森林资源资产为商品林中的森林、林木和林地使用权。

目前,"森林资源资产抵押贷款"和"林权抵押贷款"两个概念在理论界和学术界并存。对这两种提法进行分析发现,两种提法其实是从不同的角度对抵押标的物进行了界定:"森林资源资产抵押贷款"是从资产的概念出发,主要指出了森林资源资产所包括的具体有哪些资产,而林权的概念是从物权的角度出发,指出林权具体所包括的所有权、用益物权以及担保物权等项的权利。《中华人民共和国森林法》规定:森林分为五类,分别为防护林、用材林、经济林、薪炭林、特种用途林。其中用材林、经济林和薪炭林统称为商品林,防护林和特种用途林统称为生态公益林。对于森林资源资产的价值的衡量既包括经济价值又包括生态价值和社会价值,而用资产作为抵押物进行抵押贷款,主要衡量其经济价值,随着森林资源资产化管理的展开,将资产化的森林资源进行抵押,即"森林资源资产抵押贷款"。

本书主要讨论森林资源资产作为一项不动产标的物的抵押资产评估问题,应该从"资产"角度进行探讨,因此,本书采用"森林资源资产抵押贷款"的概念,由此产生的抵押价值的评估研究也是针对抵押物森林资源资产。

2.1.3　抵押与抵押权

抵押是一种经济行为,根据《中华人民共和国担保法》,抵押是指债务人或者第三人不转移抵押财产的占有,将该抵押财产作为债权的担保,当债务人不履行债务或者发生当事人约定的实现抵押权的情形时,抵押权人有权依法以该抵押财产折价或者以拍卖、变卖该抵押物的价款优先受偿。抵押具有以下特点:一是抵押人可以是第三人,也可以是债务人自己;二是抵押物可以是动产也可以是不动产;三是抵押人不转移抵押物的占有,即抵押人在抵押期间,继续占有、使用抵押物,只有在未能按时履行还款任务时,贷款方才对抵押物进行处理。

抵押权是一种法律权利,是债权人对于债务人或者第三人不转移占有的债务担保资产,在债务人不履行、未按期履行到期债务或者事先约定的条件成立时,对于该抵押资产的优先受偿权。森林资源资产抵押贷款源自于物权法中的担保权,1995 年我国颁布实施的《担保法》和 2007 年颁布实施的《中华人民共和国物权法》为森林资源资产抵押贷款提供了理论基础和法律依据。物权作为一种财产权,是直接支配特定物并排除他人干涉的权利,《物权法》中的物权是指权利人依法对特定的物享有直接支配和排他的权利,包括所有权、用益物权和担保物权。

其中担保物权又包括抵押权、质权和留置权。抵押权针对不动产,质押和留置权针对动产,森林资源资产作为不动产范畴,适用的担保物权属于抵押权。

抵押权是物权中的担保物权的一种重要的表现形式,是一种最重要和最优越的担保方式,被称为"担保之王",申请抵押贷款的债务人或第三人为抵押人,提供贷款的债权人称为抵押权人,抵押标的物为抵押财产。

2.1.4 资产评估与森林资源资产价值

资产评估是专业机构和人员按照国家法律、法规以及资产评估准则,根据特定的目的,遵循评估原则,依照相关程序,选择适当的价值类型,运用科学的方法,对资产价值进行分析、估算并发表专业意见的行为和过程。资产评估的本质是对评估对象进行价值估算,作为价值估算过程,资产评估包括若干个基本要素:评估主体,即从事资产评估工作的机构和人员;评估客体,是被评估的对象,可以是有形资产也可以是无形资产;评估依据,即资产评估工作所遵循的准则、法律、法规、规章、经济合同等;评估目的,指引发资产评估行为的原因,或进行价值估算的用途;评估原则,是资产评估的原则性规范,约束资产评估的行为过程;评估程序,即资产评估的过程,从承揽评估业务做评估计划开始到提交评估报告和评估工作底稿归档的整个过程;价值类型,是资产评估结果的价值属性和表现形式,价值类型直接影响资产的估值结果;评估方法,是价值估算的技术核心,即通过什么技术方法得到资产的价值;评估假设,评估结果成立的前提条件;评估基准日,是资产评估价值的时间标准。

对森林资源进行价值评估是森林资源资产化管理的结果,森林资源资产的价值包括林木资产的价值、林地资产价值、林下资源资产的价值、森林景观的价值以及野生动植物、微生物及其他珍稀动物的价值。从价值构成角度分析,森林资源资产的价值具有多样性,既有经济价值、社会价值,也有生态价值。

随着森林资源资产化管理的加深,对森林资源资产价值的评估越来越多。从物权角度分析森林资源资产的价值包括:森林资源资产的收益权能,如采果权、采脂权、割胶权、森林景观收益权;处分权能,如林木的采伐权、林地使用权的承包经营权。

从资产价值实现角度分析,森林资源资产价值主要通过入股、互换、转让、出租、抵押等方式实现,森林资源资产抵押贷款是通过对森林资源资产进行抵押的方式进行融资,从而满足林业经营主体所需的生产资金需要。

2.2 森林资源资产抵押贷款价值评估的理论基础

2.2.1 价值理论

(1)劳动价值论

劳动价值论的中心思想是"劳动能够创造价值",价值是一种凝结在商品中的无差别的人类劳动。劳动决定价值的理论最早是由英国资产阶级古典政治经济学和统计学创始人威廉·配第(William Petty,1623—1687)提出的,配第将生产成本与商品价值联系起来进行分析,认为物的有用性使物成为使用价值,使用价值是构成财物的物质内容,同时又是交换价值的物质承担者。劳动是价值唯一源泉,劳动是财富之父,土地是财富之母。一个世纪以后,英国资产阶级古典政治经济学家亚当·斯密(Adam Smith)和大卫·李嘉图(David Ricardo)又对劳动价值论进行了丰富和系统的完善。

亚当·斯密较早地对劳动价值论进行了系统的研究,他继承和发展了古典政治经济学,以交换价值切入展开了商品价值的研究,首次明确划分了使用价值和交换价值,提出生产部门的劳动是一切商品价值的源泉,是衡量一切商品交换价值的真实尺度。他认为"任何商品的价值,对拥有它但是不想自己消费,而是要用它来交换其他商品的人来说,等于该商品能使他购得或支配的劳动的数量。因此劳动是衡量一切商品交换价值的真实尺度"。

大卫·李嘉图继承和发展了斯密的理论,认识到使用价值是交换价值的物质前提条件,在探讨商品的价值时,他批判了斯密的二元价值理论,认为决定价值的是社会必要劳动,在分析商品的价值时,指出商品价值不只来源于直接劳动,还来源于间接劳动。

在李嘉图的基础上,卡尔·马克思将劳动价值论发展到成熟阶段。他的主要观点如下:①社会必要劳动时间决定商品的价值,劳动生产力是由多种情况决定的,包括工人的平均熟练程度,科学的发展水平和它在工艺上应用的程度,生产过程的社会结合,生产资料的规模和效能以及自然条件。劳动生产力越高,生产一种物品所需要的劳动时间就越少,凝结在该物品中的劳动量就越少,该物品的价值就越小。相反地,劳动生产力越低,生产一种物品的必要劳动时间就越多,该物品的价值就越大。即商品的价值量与实现在商品中的劳动的量成正比变动,与这一劳动的生产力成反比变动。②商品具有使用价值和价值,使用价值表现物的有用性,是价值的物质承担者。在商品生产中,价值规律是商品价值变动的基础,商品的价格是交换价值的货币表现,以价值为基础,受到市场因素影响,围绕价值上下波动。③商品的价值包括 C + V + M,C 为转移过来的生产资料的价值,V 为生产过程中耗费的必要劳动创造的价值,M 劳动创造的剩余价值。商品的价值组成体现在交易过程,劳动资料转移价值和必要劳动转移价值,即 C + V 称为成本价格,剩余价值 M 为资本增加值,即利润,在长期趋势下,利润有平均化趋势,价值转化为生产价格。

劳动价值论是研究经济学问题的重要理论基础,同时也是资产评估中成本法应用的一个理论基础,他强调劳动是价值的源泉,因此在成本法应用时,首先考虑的就是创造该项资产的必要劳动时间的长短,劳动量投入的多少,这是构成资产价值的物质基础,马克思的劳动价值论指出,商品价值与劳动力成反向变动,在资产评估成本法的应用中,随着劳动基础的提高需要对资产的经济性贬值和技术性贬值因素进行考虑。

(2)效用价值论

效用价值论的中心思想是"商品的价值来自于效用的满足程度"。商品的价值不是来自于生产过程,而是来自于消费者对于商品的主观评价,若消费者认为商品对自己的效用大,则商品的价值就大,否则就小。19 世纪 70 年代,经济学发生了边际革命,出现了边际效用价值论,形成了边际效用学派,其创始人是门格尔、杰文思和瓦尔拉斯。

门格尔的主要思想体现在:商品的价值起源于主观效用,但有效用并不等于价值,形成价值的必要条件是人们有足够的可以支配购买这种商品的财富,即效用必须和经济物品在数量上进行结合才能形成价值。

杰文思则认为:价值是由"最后效用程度"来决定的,即边际效用,边际效用是指消费者消费最后一个数量的商品所带来的效用的增加量,人们在进行消费时,所考虑的是效用物品中那极小的最后一个单位的加量,价值量正是由这最后一个单位的加量效用所决定的。

边际效用理论要求资产评估将资产的边际效用进行挖掘和计量。图2-1体现了在公平条件下的资产成交价格刚好等于其边际效用。

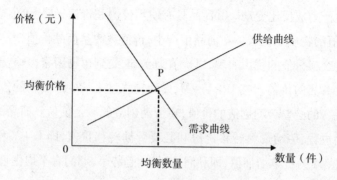

图2-1 供给和需求决定的均衡价格

Fig 2-1 the equilibrium price of supply and demand

向下倾斜的需求曲线反映了消费者对商品的边际效用递减,向上倾斜的供给曲线反映生产这种商品的生产边际成本递增,随着商品数量的增加,消费者边际效用递减与生产者边际成本交会于一点P,即为一件商品的均衡数量和均衡价格,该价格和数量正是公平交易中的市场成交价格,因此市场价格反映了商品的边际效用。

效用价值论的思想是资产评估技术方法中收益法应用的理论基础,即资产的价值是由资产为占有方所带来的效用即收益额所决定的,收益额越高,资产给占有者带来的效用越大,资产的价值越高。收益又表现为不同时期的收益,货币具有时间价值,因此通常要对资产的未来收益进行合理预测,并将未来若干期的收益进行折现求得资产的现时价值,这正是收益法的基本计算方法。

(3)均衡价值论

均衡价值论是西方经济学的核心,是由19世纪后期20世纪早期,以马歇尔为代表的新古典主义学派提出的。均衡价格是指,需求价格和供给价格相一致时的价格。供给和需求共同决定了价值,形成均衡价值论。需求价格是消费者对一定数量商品愿意和能够支付的价格,供给价格是生产者为提供一定数量的商品愿意接受的价格。马歇尔用商品的均衡价格衡量商品的价值,认为均衡价格即为价值。他通过需求和供给的分析,提出了均衡价值论,并指出供给和需求达到均衡状态时,产量和价格同时达到均衡。该学派将古典经济学派的供给——成本观点与边际学派的需求——价格观点结合起来,认为市场力量将趋向于形成供求平衡,供给与需求共同决定了价值。

均衡价值论在资产评估的实践中是市场法应用的理论基础,一方面资产评估要考虑生产成本和市场需求的因素,另一方面资产评估要充分考虑市场波动的因素。资产评估中市场价值类型的定义是资产在评估基准日公开市场上最佳使用状态下最有可能实现的交换价值的估计值。而市场法的基本思想是:在成熟的市场经济环境下,寻找类似资产近期交易价格,经过比较和参数调整得出评估结果。在市场经济条件下,商品或资产的市场价格都会随市场的波动而变化,而影响市场波动的因素很多,有经济本身的因素,也有非经济的因素。但资产价格一般是围绕价值上下波动的。在利用市场法进行资产评估时,要充分考虑市场波动因素对资产价格的影响。

价值理论是经济学重要的基础,综合以上三种价值理论,思考对森林资源资产评估的影响,劳动价值论强调社会必要劳动时间决定价值,效用价值论强调商品的效用和消费者的支付能力决定资产的价值,而均衡价值论强调均衡的价格就是商品的价值。森林资源资产作为生物性资产的重要组成部分,既有与一般劳动创造的工业品相同的价值特征,也有其特殊性。一方面,林木尤其是商品林木是在林地上通过人类种植并通过后期的培育和管护才形成一定的经济价值,这体现了劳动价值论;另一方面,其自然的生长增值性也使其具有一种满足人类需求的效用,这体现了效用价值论;再者,商品用材林具有一定的市场,其交换价值的规律又体现了均衡价值论。因此,对于森林资源资产作为抵押标的物进行资产评估,其价值组成要考虑多元因素。

2.2.2 博弈理论

博弈论一词的英文解释是"game theory"。博弈论这种以"游戏"为基础的理论被广泛地应用于经济学和管理学的研究,博弈论是研究决策行为主体发生冲突或相互作用时的决策,以及这种决策均衡问题的数学模型研究。完整的博弈分析需要五个构成要素:一是博弈的各方参与主体,可以是组织、团体、企业或个人;二是博弈的策略,即博弈中各个参与主体可以选择的行动策略,博弈主体根据自身效用最大化选择行动策略;三是博弈信息,即在参加博弈中,参与主体所了解的有关其他参与主体的特征和知识;四是博弈的战略,即博弈参与主体的行动规则,所有参与者的战略形成一个战略组合;五是收益,按照博弈理性经济人的假设,博弈参与各方的出发点是获得自身效益的最大化,各方选择满足自身效益的策略所得到的结果可能是纳什均衡,也可能形成帕累托最优。依据局中主体之间是否具有约束性的合约划分为合作博弈与非合作博弈;依据博弈行动进行顺序是否具有时间的差异分为动态博弈和静态博弈。

在森林资源资产抵押贷款资产评估过程中,抵押权人、债务人和资产评估机构形成了一定的博弈矩阵。抵押权人希望压低抵押资产的价值,以便降低自身贷款风险;债务人为了多贷到款,希望抵押资产价值尽可能高;资产评估机构要在维护双方合法权益的基础上,对价值进行公允的判断,这实际上形成了一个博弈分析。

2.2.3　资产评估要素

(1)经济行为与评估目的

资产评估是市场经济发展的产物,其业务类型随着市场经济的发展而发展,为市场经济的发展服务,一定的经济行为的产生或预期发生是产生资产评估的动因,经济行为是资产评估的应用领域,是评估业务发生的根源,与一定的经济行为相关的是资产评估的评估目的。资产评估目的是具体的评估结果的应用范围,评估目的是资产评估理论框架中最基本的要素和评估行为的出发点,资产评估所得的评估值是在特定时点的特定目的下的评估值,资产评估目的有一般目的和特定目的之分,资产评估的一般目的是评估人员对资产在一定时间及一定条件约束下对资产的公允价值发表专业价值判断,这是任何类型资产评估进行价值判断的宗旨和原则。资产评估的特定目的是一般目的的具体化,特定目的是为了满足某种特定的资产业务,即引起资产评估的经济行为,资产评估为特定的经济行为服务,从我国资产评估实践看,引起资产评估的经济行为主要有资产转让、企业兼并、企业出售、企业联营、股份制经营、中外合资、合作、企业清算、担保、企业租赁、债务重组、保险、纳税、编制财务报告等①。评估人员在选择具体的价值类型和评估方法时必须与评估目的结合起来考虑,评估目的对价值类型的选择和评估方法的应用都起到了决定作用。

但评估目的与经济行为并不一定是一一对应的关系。资产评估可能为同一个经济行为下的不同的目的而服务,而《资产评估准则—评估报告》中要求,评估报告载明的评估目的应当唯一,一个评估报告只能服务于唯一的评估目的,资产评估师在了解经济行为的基础上,尽量细化评估目的和用途。评估目的的明确直接关系到评估基准日的选择,价值类型的确定和评估方法的应用,同时对评估结论有直接的影响。

(2)价值类型

资产评估的实质是围绕"价值"进行公允判断,价值在不同评估目的下有不同的表现形式,即价值类型。价值类型是进行资产估值的价值标准,不同的价值类型从不同的角度和不同的前提条件下反映了资产价值的属性和特征。

资产评估的价值类型依据市场条件不同,分为市场价值和市场价值以外的价值类型,市场价值以外的价值则是一系列的非市场价值类型的统称。市场价值是指自愿买方和自愿卖方在各自理性行事且未受任何强迫的情况下,评估对象在评估基准日进行正常公平交易的价值估计数额,而市场价值以外的价值类型包括在用价值、投资价值、清算价值、残余价值等,价值类型的科学划分和使用一直是理论界和实务界不断探讨的话题。例如,抵押目的的资产评估,所采用价值类型究竟是抵押价值、市场价值还是清算价值,理论界和实务界存在不同的看法,目前的评估实务中,通常采用的是市场价值,银行或其他金融机构在对抵押物和抵押权人进行综合评价的基础上,对市场价值进行折扣,作为抵押价值。

资产评估价值类型的选择有很多影响因素,评估人员在对价值类型进行选择时,要综合考虑评估目的和评估客体的自身特点,市场条件因素,以及评估人员能够收集到的相关资料。目前我国资产评估实务中,采用最多最普遍的价值类型是市场价值,这与我国不断完善的市场环境、市场价值本身具有较强说服力和易操

---

① 全国注册资产评估师考试用书编写组. 资产评估 2011 [M]. 北京:中国财政经济出版社,2011.

作的特点有很大关系。但随着经济管理活动的增多,资产评估业务量也随之增加,理论界对资产评估价值类型的研究也越来越多。

(3)其他评估要素

一定的评估目的和价值类型又决定了其他相关资产评估要素的选择,如评估的原则要围绕着评估目的的实现,评估基准日的选择也是为了更好地实现评估目的和便于对一定的价值类型进行估价,评估的前提假设也建立在资产特征和经济行为的基础上,评估方法的选择也是实现一定的价值类型的途径。

①评估原则

评估原则是资产评估的行为规范,是调节资产评估当事人之间的关系,执行评估业务的行为准则。资产评估的原则分为评估的工作原则和经济技术原则。工作原则主要是在评估过程中要坚持独立性原则、客观公正性原则、科学性原则;经济技术性原则主要包括预期收益原则、供求原则、贡献原则、替代原则和评估时点原则。

评估原则要与特定的评估目的相联系,包括方法选择的原则和参数确定的原则。例如,在抵押贷款资产评估中,评估目的是维护抵押双方合法权益,维护金融信贷安全,因此在评估方法的选择方面就要在分析抵押资产特征的基础上,选择能够实现评估目的的方法,在参数选择中要遵循保守谨慎的原则。

②评估的前提假设

科学来源于一定的假设条件,资产评估工作作为一项技术和管理科学,所得到的评估结论也要建立在一定的前提假设条件下才能成立。资产评估的前提假设要建立在对经济行为和评估目的分析的基础上,资产评估的假设包括了市场条件假设、评估对象使用状况的假设、评估对象作用空间假设、宏观环境假设等,其中,交易假设、公开市场假设、持续使用假设和清算假设是资产评估的最重要和最常用的假设。资产评估假设是将被评估资产置于一个特定的环境下,是特定的评估目的成立的前提条件,也是评估方法选择的依据,例如,公开市场假设是市场法应用的前提,持续使用假设是收益法成立的依据。

交易假设是资产评估得以进行的最基本的前提假设,交易假设是假定待评估的资产已经处于交易过程中,评估人员根据资产的交易条件进行模拟市场的价值评估。公开市场假设是对资产拟进入的市场条件,以及在这样的市场中资产所受到的影响的一种假定说明和限制。持续使用假设也是对资产拟进入的市场条件，以及这样的市场条件下的资产状态的假定性描述或说明。清算假设用于非公开市场条件下，是假设资产处于被迫出售或快速变现条件下的一种假定性说明。

③评估基准日

资产评估的本质是提供公允价值，这个公允价值是资产在一定时点的公允价值，而市场环境是在不断变化的，资产的使用状态和价值会随着市场条件的变化而不断改变。而资产评估的评估结果表现的是资产一定时点的价值。为了使资产评估得以操作，在执行业务时，必须假定市场条件固定在某一时点，这一时点就是评估基准日，或称估价日期，它为资产评估提供了一个时间基准。

评估基准日的选择建立在对经济行为分析和实现评估目的的基础上。资产评估基准日可以是过去的某一时点，也可以是当前时点或者以后的某个时点。就评估的难易角度分析，以现在的某个时点作为评估基准日对价值进行判断相对容易，在评估实务中也最常见，但实务中也有以过去或未来某个时点作为评估基准日的。目前在抵押贷款资产评估中，是将评估基准日设定为抵押贷款申请的某个日期，理论界也有将评估基准日选为抵押期结束的研究。

④评估方法

评估方法是资产评估所运用的特定技术，是实现一定价值类型的手段和途径。资产评估的具体方法按照分析原理和技术路线的不同可以分为三种基本类型，即市场法、收益法和成本法。在具体方法的应用中，不同的评估对象可能衍生出不同的具体方法。

市场法，是指利用市场上同样或类似资产的近期交易价格，经过直接比较或类比分析以估测资产价值的各种评估技术方法的总称。市场法应用有两个前提，首先要有活跃的公开市场；其次公开市场上要有可比的资产及其交易活动。

收益法，是指通过估测被评估资产未来预期收益的现值，来判断资产价值的各种评估方法的总称。他服从资产评估将利求本的思路，采用资本化和折现的途径判断和估算资产的价值。收益法应用涉及三个基本要素：资产未来期间的收益、折现率、资产预期收益的期限。

成本法，是从成本取得和成本构成的角度对资产价值进行分析和判断，以此来确定资产的评估值。首先估测被评估资产的重置成本，然后估测被评估资产已存在的各种贬值性因素,并将贬值因素从重置成本中扣除得到资产评估值。

2.3 本章小结

(1)森林资源资产抵押价值评估是建立在森林资源与林权、资产与森林资源资产、抵押与抵押权以及资产评估与森林资源资产价值等概念的基础上的实践性科学。

(2)森林资源资产抵押价值的评估,从纵向时间范围包括三个阶段:抵押权设立时,对抵押资产进行抵押价值评估;抵押贷款期间,对抵押资产管理阶段的抵押价值评估;抵押权终止借款人违约情况下,抵押资产变现价值的评估。从时间范围界定,本书的研究针对第一个阶段。从横向资产范围角度看,森林资源资产既包括林木资产、林地使用权资产、景观资产、林下资源和微生物等,既有经济价值,也包括社会价值和生态价值,本书的研究主要针对可作为抵押资产的商品林林木和林地使用权的经济价值,抵押价值评估方法的研究主要针对商品用材林林木资产。

(3)森林资源资产作为生物性资产,其评估方法的应用离不开经济学原理:劳动价值论是成本法应用的经济学基础,效用价值论是收益法应用的经济学基础,均衡价值论是市场法应用的经济学基础。博弈论作为对价值类型选择分析的理论基础。资产评估的基本要素及要素之间的内在关系也为后续相关理论问题分析提供了基础。

3 森林资源资产抵押贷款价值评估在我国的应用现状

3.1 数据来源

通过对北京中林资产评估有限公司 2008 年以来的所有资产评估报告书进行搜集和整理,并对其中涉及森林资源资产抵押贷款价值评估的 38 份资产评估报告书和资产评估工作底稿进行了认真阅读和分析,对每年的评估项目总量及评估值,其中涉及抵押目的的林业评估总量及评估值、每年业务增长量和增长率、抵押目的林业评估的增长量和增长率分别进行了统计,业务范围涉及辽宁、吉林、黑龙江、江西、广东、广西、云南、海南等多个地区,对项目评估报告书所涉及的委托方、抵押资产的范围、评估报告的前提假设、所采用的价值类型、基准日的选择、评估方法的确定等方面进行了统计描述和分析。

为了解在森林资源资产抵押贷款价值评估业务中,评估师在评估要素的选择方面所考虑的主要影响因素,在本研究过程中,对北京中林资产评估有限公司首席评估师、森林资源资产评估专家、评估部主任和评估项目经理等人员进行了深度访谈,对评估要素的选择方法和要素选择时考虑的主要影响因素进行了深入的了解。

3.2 森林资源资产抵押贷款价值评估业务的发展趋势

本书调查所得资料主要源自中林公司的业务情况统计,所得结果只针对一家公司,而非全国的数据,但中林公司作为北京最为专业的林业资产评估机构,所得数据足以代表林业资产评估机构的业务开展情况。根据中林公司前5年所出具的资产评估报告统计显示,其业务量开展情况如下表所示:

表 3 - 1 中林公司业务量情况统计

Tab 3 - 1 the statistical traffic situation in Zhong Lin company

年份	项目总数量（件）	增长率（%）	森林资源资产抵押价值评估项目数量（件）	增长率（%）
2008	10	—	0	—
2009	47	370	1	0
2010	47	0	4	300
2011	103	119.15	14	250
2012	116	12.62	9	-35.71
2013	129	69.74	15	66.67

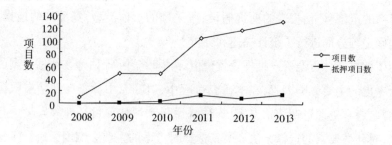

图 3 - 1 中林公司业务量统计图

Fig 3 - 1 the statistical traffic situation in Zhong Lin company

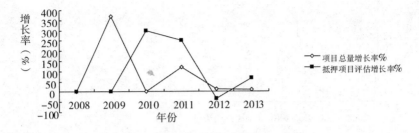

图 3 - 2 中林公司业务增长率统计图

Fig 3 - 2 the increase rate of business in Zhong Lin company

从近年来全公司总体业务数量和森林资源资产抵押评估项目的业务量来看,基本是一个不断增长趋势,2010 年业务量的下降主要受到林业限伐政策的影响,据了解,截止到 2012 年上半年,总的业务数量已经接近 2011 年的业务量总数,如表 3 - 2 所示:

表 3 - 2 中林公司评估项目数量和抵押项目数及所占比重

Tab 3 - 2 the number of evaluation projects and mortgage projects of and their proportion in the total projects in Zhong Lin company

年份	总项目数量(件)	总评估值(万元)	涉及抵押的项目数(件)	在总项目数中所占比重(%)	抵押项目评估值(万元)	占总项目评估值比重(%)
2008	10	47,523.35	0	0	—	—
2009	47	212,226.39	1	2.13	咨询	—
2010	47	149,214.62	4	8.51	2,081.04	1.39
2011	103	183,537.70	14	13.59	42,851.38	23.35
2012	116	770,045.53	9	7.76	11,366.85	1.48
2013	129	880,373.80	15	11.63	59,513.18	6.76

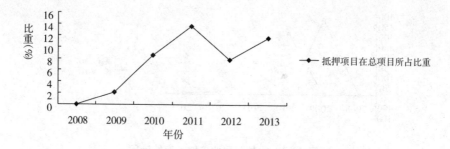

图3-3　中林公司抵押项目在项目总量中所占比重

Fig 3-3　the proportion of mortgage projects in the total projects

in Zhong Lin company

表3-3　中林公司抵押项目业务量统计

Tab 3-3　the statistical traffic situation of mortgage projects in Zhong Lin company

年份	委托业务量（件）	业务开展地区	总评估值（万元）	业务完成量（件）	评估业务完成率（%）
2009	1	广西	咨询	1	100
2010	4	黑龙江、广东	2,081.04	4	100
2011	14	云南	42,851.38	13	92.86
2012	9	黑龙江、云南、浙江	11,366.85	8	88.89
2013	15	黑龙江、重庆、广东、吉林、海南	59,513.18	15	100

　　森林资源资产抵押评估项目总量逐年增加,评估值逐年增长,业务完成数量也基本呈现上涨趋势,2010年的减少是受到林业限伐政策和行业竞争加剧因素的影响,开展业务所涉及的地区范围不断扩大,业务完成率高。

3.3 森林资源资产抵押贷款价值评估的要素选择

3.3.1 价值类型的选择情况

目前,在资产评估实务中,对于抵押目的的森林资源资产评估通常选择市场价值类型,对北京中林资产评估公司的 38 份相关评估工作底稿进行查阅发现,森林资源资产抵押价值评估中价值类型无一例外地选择了市场价值。

通过对公司 30 名从事森林资源资产抵押贷款评估的评估人员进行的访谈式调查发现,其中 21 名评估人员认为,森林资源资产抵押价值评估应该采用市场价值,原因是简便易行,且容易被贷款金融机构和委托方所接受;另外 6 名评估人员认为可以尝试采用抵押价值,并提出可以两种价值类型并用,相互验证;另有 3 名评估人员认为应该采用清算价值,他们同时认为评估基准日应该设定为抵押期结束时。

目前在评估实务中,抵押业务评估之所以采用市场价值类型而放弃抵押价值类型,本书对这种现象进行了分析,总结出以下几个方面的原因:

(1)市场价值类型具有简便易操作的特点

市场价值是目前我国资产评估实务中采用最广泛的价值类型,虽然在理论上存在着市场价值以外的很多价值类型,有在用价值、投资价值、持续使用价值、清算价值等,但在评估实务中,市场价值应用最为广泛,我国日渐发展完善的市场经济环境,也为市场价值类型的选择提供了作价基础。

(2)其他价值类型不容易被银行等金融机构所接受

目前在抵押借款中,银行一般很少直接将评估结论作为贷款发放流程控制的直接依据,通常的做法是,在评估机构提供的评估结果的基础上乘以一个折扣率,通常按照抵押物风险大小,在 30% ~60% 之间,即抵押贷款额度 = 市场价值 × 折扣率,在这种情况下,评估机构以清算价值或者抵押价值类型向银行等金融机构提供评估结果,并要求金融机构以此依据直接放贷,可能很难被接受。清算价值或抵押价值类型,通常考虑了被迫出售或者变现费用等因素,其结果通常低于市场价值,如果金融机构在这种价值结果基础上再打折扣,那么最终贷款申请人得到的贷款额度微乎其微。

(3)没有成熟的计算体系支持其他价值类型

个别评估师提出抵押价值类型,即考虑资产的持续经营和未来的可出售性对抵押价值进行估计,但未来的可出售性如何计算,风险如何估计,目前并没有一套成熟的计算体系,导致抵押价值并没有在抵押贷款资产评估中得到应用,只是停留在理论的探讨阶段。

(4)相关法规或准则规定的影响

中国人民银行发布的《贷款风险分类指导原则(试行)》规定,抵押目的的资产评估采用市场价值类型;2006年1月,建设部、人民银行和银监会联合发布的《房地产抵押估价指导意见》,规定了采用市场价值类型。《资产评估价值类型指导意见》中第二十二条规定:注册资产评估师执行以抵(质)押为目的的资产评估业务,可以根据实际情况选择市场价值或者市场价值以外的价值类型。这些相关的法律和准则都对抵押价值评估采用了市场价值类型。

3.3.2 评估基准日的选择情况

评估结果只能反映某个基准日时点的资产价值,由于森林资源资产处于不断的生长变化中,且受到未来市场因素、法律因素和其他偶然因素的影响,森林资源资产的价值不可能是一成不变,因此对森林资源资产抵押贷款评估首先要规定一个评估基准日。

通过对中林公司2008年至2013年涉及森林资源资产抵押价值评估的38份资产评估报告统计表明,在评估基准日的选择方面,原则上是考虑评估目的,在与委托方协商的基础上确定,有34份评估报告基准日选择抵押借款申请时或抵押权设定时,有1份是抵押期结束时,有3份为抵押资产管理期间。

通过深度访谈,评估师的观点是,抵押目的的评估业务,在评估基准日的选择方面,应该与经济行为相结合,通过对经济行为进行分析结合评估目的选择评估基准日,例如,在抵押权设定时对抵押资产价值进行评估,应该选择抵押申请或抵押权设定时某个时点,在抵押期内,基于对抵押资产监管的需要进行评估,应该选择抵押期内的某个时点,当抵押期结束,产生债务人未能归还债务,需要对抵押资产进行交易变现,应该选择抵押期结束的时点作为评估基准日,由此看来分析经济行为与评估目的的关系,深入了解经济行为和委托方及其他相关当事人的意图是确定评估基准日的基础。

基于以上调查,结合期刊检索搜集的学术论文,对评估实务界和评估理论界观点进行总结分析发现,我国在资产评估界对抵押目的的评估基准日的选择有两种主流的观点,一种认为抵押资产评估基准日应该选择申请抵押贷款之前或者与抵押权登记设定时某个相近的时点,持有这种观点的大多是评估实务界人士,事实上目前的评估实务也是这样做的;另一种是将评估基准日设定为抵押期届满时或与抵押资产变现之日相接近的某个时点,持有这种观点的多是理论界人士。

3.3.3 评估前提假设选择情况

目前理论界和实务界对评估假设的研究

通过对资产评估报告的统计分析,对中林公司涉及森林资源资产抵押价值评估的资产评估报告进行统计,在评估业务中,所采用一般性前提假设为交易假设、公开市场假设、持续经营假设;除此之外还有对抵押资产有效管理、产权证明有效、宏观政策不发生重大变化、评估报告针对特定目的等特殊性假设。目前发生最多的评估项目是林木所有权和林地使用权流转的项目,且抵押目的和交易目的下在评估前提假设方面的界定基本相同。

通过对评估师访谈结果发现,评估假设的选择主要考虑评估业务的经济行为、评估目的和资产特点等条件。在前提假设的选择方面,也是评估机构多年在评估实务中沿袭下来的做法,评估师并不否认的是,评估前提假设的规定应该根据评估目的且与价值类型相关。

基于以上分析,目前在资产评估实务界普遍采用的前提假设有交易假设、公开市场假设和持续经营假设,且抵押目的的森林资源资产评估与交易目的下的评估在前提假设的选择方面并没有实质区别。但理论界和学术界存在不同的观点:学术界有的学者认为是清算假设,也有学者从不同角度谈抵押资产评估的前提假设,认为从评估环境角度考虑,应该设定为清算假设、非公开市场假设,从申请借款方考虑,则应该采用持续使用假设、公开市场假设。有的学者认为抵押资产在设定抵押后仍然按照现有状态继续使用,因此从继续使用假设进行分析。

3.4 评估方法的应用情况

对中林公司的从 2008 年至 2013 年的涉及森林资源资产抵押价值评估的 38 份资产评估报告进行统计和分析发现,在评估实务中,森林资源资产抵押贷款价值评估业务,所采用的价值类型是市场价值,方法的选择和参数的确定也是基于市场价值类型。

(1)收益法

收益法主要应用于商品用材林的中龄林林木和经济林始产期以后的价值评估,比例分别占 13.33% 和 100%,而商品林中的幼龄林,近、成、过熟林和经济林中的产前期极少采用收益法,林地使用权资产采用收益法较少,个别采用的收益法中的林地期望价法,主要是在无林地和速生丰产林的的林地使用权(但同时要采用市场法验证)。

表 3 - 4 收益法应用情况统计

Tab 3 - 4 the statistics of application in income method

林种	林龄或生长阶段	绝对值总量(件)	相对值比例(%)
用材林	幼龄林	3	7.69
	中龄林	6	13.33
	近、成、过熟林	0	0
经济林	产前期	0	0
	始产期	18	100
	盛产期	18	100
	衰产期	3	100
林地使用权	—	9	15

(2)成本法

成本法主要应用于商品用材林林木幼龄林阶段和经济林的产前期阶段的价值评估,比例分别占 69.23% 和 100%,此阶段的林木价值主要体现在前期定植和抚育相关的成本和费用的投入,成本项明确清晰,易采用成本法,其他林龄阶段和生长阶段基本没有采用成本法,林地使用权在一些情况下采用此方法,主要针对未成林造林地的价值评估。

表 3 – 5　成本法应用情况统计

Tab 3 – 5　the statistics of application in cost method

林种	林龄或生长阶段	绝对值总量（件）	相对值比例（%）
用材林	幼龄林	27	69. 23
	中龄林		36. 67
	近、成、过熟林	0	0
经济林	产前期	6	100
	始产期	0	0
	盛产期	0	0
	衰产期	0	0
林地使用权	—	9	15

（3）市场法

市场法主要用于商品用材林中的近、成、过熟林评估,比例占 100%,所采用的市场法主要是市场价倒算法;一些幼龄林的评估也采用了市场法,主要针对速生丰产林中的桉树、杉木等;另外,主伐期较长的中龄林同样采用了市场法,比例占80%;经济林的统计中,没有市场法的记录,主要原因是,经济林定期产生一定的现金流入以采用收益法为主;林地使用权基本采用了市场法,比例占 70%,以现行市价法为主。

表 3 – 6　市场法应用情况统计

Tab 3 – 6　the statistics of application in market method

林种	林龄或生长阶段	绝对值总量（件）	相对值比例（%）
用材林	幼龄林	9	23. 08
	中龄林	36	80
	近、成、过熟林	57	100

林种	林龄或生长阶段	绝对值总量（件）	相对值比例（%）
经济林	产前期	0	0
	始产期	0	0
	盛产期	0	0
	衰产期	0	0
林地使用权	—	42	70

综上分析表明,森林资源资产抵押评估业务中,选择价值类型为市场价值,在评估方法的选择方面,主要依据是评估资产自身的特点。成本法主要应用于幼龄林、产前期经济林的价值评估;收益法主要应用于中龄林、始产期以后的经济林价值评估,也用于林地使用权价值评估,用于林地使用权价值评估时,主要是针对经营目标树种明确,生长期较短的速生林,如广西的桉树,两湖地区的泡桐等;市场法主要应用于近、成、过熟林的价值评估,根据实际情况,也会用于生长期较长的中龄林价值评估,速生丰产林在幼龄林阶段也可根据实际条件采用市场法,林地使用权价值评估也广泛地采用市场法,主要采用的是现行市价法。

3.5　对森林资源资产抵押贷款价值评估业务发展现状的思考

3.5.1　理论问题认识不清,评估缺乏准则指引

对资产评估报告书的统计以及对评估师的深度访谈显示,森林资源资产抵押贷款从业务量到评估值都在逐年增长,说明森林资源资产抵押贷款业务量在不断增长,而我国资产评估行业起步较晚,理论发展滞后,相关的指导性法规文件和准则有:1996年颁布的《森林资源资产评估技术规范(试行)》,2006年颁布的《森林资源资产评估管理暂行规定》以及《森林资源资产评估准则》。随着林权改革和我国林业经济的发展,林业评估要越来越多,对于森林资源资产生态价值、投资价值、抵押价值等的评估需求也越来越旺盛,原来的相关文件和准则已经无法满足

日益增长的评估实践。另外,针对抵押目的的资产评估尚不存在完善的准则对评估人员进行指引,客观上制约了评估人员对森林资源资产抵押价值评估的深入理解。

通过对森林资源资产抵押贷款资产评估的应用现状调查发现,在评估要素的选择上,还存在着模糊的认识和争议。在评估的价值类型的选择上,目前评估实务中选择的是"市场价值",但一些评估师持有不同的观点,有的认为应该选择清算价值,有的认为应该选择抵押价值,有的认为应该选择在用价值等。在评估的前提假设以及评估基准日的选择等方面也存在着不同认识。

3.5.2 评估方法参数选择缺乏科学依据,评估结果随意性大

由现状调查发现,森林资源资产抵押贷款业务从 2008 年以后不断发展起来,在森林资源资产抵押贷款价值评估的实际操作中,评估人员只对抵押资产的市场价值进行评估,且在市场价值评估中,在折现率、利息率、行业的合理利润率等参数的选择上往往采用经验判断法,没有明确的科学依据,导致其计算结果也存在人为调节的空间。评估机构将其市场价值计算结果提供给银行信贷部门,银行根据其风险管理的需要,在市场价值的基础上乘以一定的折扣率作为可贷款额,以便降低自身风险,这种做法带来两方面弊端:一方面如果折扣率过低,则有可能降低借款人本来可以享有的贷款额度,减少了银行的贷款利息所得;另一方面如果提高折扣率,增加贷款额度,又会增加银行的金融信贷风险。

资产评估是围绕价值进行的公允判断,应该对所出具的评估结果负责,但事实上,评估机构一旦出具了对抵押资产价值评估的报告,以后在抵押期间,无论后续抵押资产的价值如何,是否变成不良资产,以及抵押期结束后抵押权是否实现,与评估机构没有任何关系,评估机构也不再承担任何责任。

对于金融机构,以抵押资产作为降低金融信贷风险的手段,一项调查显示,通过固定资产等设备作为抵押资产,其变现能力只有借款额度的 10% 左右,通过房地产等不动产作为抵押资产的,偿债能力在 30% 左右。另一项调查显示,目前的抵押资产变现损失在 50% ~ 90%[①]。有学者指出,不良贷款的居高不下,部分是

---

① 刘桂良,招平.抵押资产价值评估方法的创新[J].系统工程 2004,(9):104 – 106.

由于评估师对抵押资产价值的高估造成的,从而造成了银行等金融机构的错误决策①。

因此,为了满足森林资源资产抵押贷款业务的不断增长,我们应该对这项评估业务进行研究,构建完善的森林资源资产抵押价值评估体系,提升评估人员素质,加强银行在抵押贷款业务中的决策能力,降低银行金融信贷风险。

3.6　本章小结

(1)对森林资源资产抵押价值评估在我国的发展现状进行调查,首先介绍了现状调查的方法,受到客观条件的限制,本书选择的调查方法为对评估机构的资产评估报告书和评估底稿进行整理、分析和总结;并利用在评估机构工作的机会,对评估人员进行座谈并对资深评估师进行深度访谈。

(2)通过评估机构的评估报告书和工作底稿的收集和整理,对从集体林权制度改革后的森林资源资产抵押价值评估的业务量增长和完成情况进行描述,从总量上看,评估机构每年的业务量不断增长,随着集体林权制度改革的完成和国有林场改制的进行,抵押目的的森林资源资产评估业务量也在逐年上升,且所涉及的地区范围也在不断增加。

(3)通过与评估人员的座谈和对个别评估师的深度访谈,对目前在评估实务中,抵押目的的森林资源资产评估,对评估要素的选择和方法的应用情况进行描述,分析了市场价值的选择理由,分析了评估方法的应用。

(4)在现状分析的基础上,分别从评估理论和评估技术方法两个方面提出目前森林资源资产抵押价值评估业务存在的现实问题:缺乏准则指引,评估实务的发展跟不上业务的不断增长,评估结果随意性大,参数的选择缺乏科学依据。本章为后续研究奠定了基础。

---

① 崔宏.基于银行贷款安全目的的抵押资产评估理论与方法创新[J].金融论坛,2007,(1):42 – 47.

4 森林资源资产抵押贷款中的价值分析

4.1 森林资源资产的价值形成

资产评估作为为交易双方提供公允估价的中介机构,对资产进行评定估算,最基本的是在一定评估目的下解决商品的定价的问题,而价格分析的基础是价值分析,明确抵押资产的价值特点是抵押价值评估的基础。

森林资源资产属于生物性资产,其价值形成具有一定的特殊性,对于自身具有生长能力的生物性资产,其价值不能仅以静态的一元的价值理论体系来分析。如果仅以劳动价值论为基础进行评估,则遗漏了自然增殖因素,一般会低估资产的价值,如果以效用价值论为基础进行评估,不同需求者对商品的效用评价不同,可能导致价值的较大差异,因此,分析其价值形成时,需要两者相结合。

(1)人为劳动创造的价值

根据马克思主义的劳动价值论的观点,商品的价值由社会必要劳动时间决定,劳动价值论主要研究的是人类生产的劳动产品,决定价值的基础是劳动价值,收入由 $V+M$ 构成,即劳动工资和剩余价值。实际成本是指生产商品所耗费的物化劳动和活劳动的总和即 $C+V$,商品的全部价格即 $C+V+M$,作为抵押资产,其价值形成是由森林资源资产生产和再生产过程中人类投入的社会必要劳动时间所决定。

从林业生产过程进行分析,营林包括育苗、造林、抚育、管护和采伐。一般林木是第一年进行造林定植,前三年进行抚育,第四年开始管护。定植年包括林地清理、整地、施基肥和定植,抚育过程包括除灌、补植、追肥(工业原料林和经济林),管护主要包括护林、病虫害防治、防火和其他管理费用。不同地区、同一地区的不同林种不同树种,其营林的过程也不相同。以广西桂南地区的工业原料林桉树为例,主伐期四年,第一年为幼龄林,第二年中龄林,第三年近熟林,第四、五年为成熟林。第一年为定植+抚育阶段,第二年和第三年为抚育阶段,从第四年开始为管护阶段。

从生产成本和费用构成分析,主要包括原材料费用、工资费用和折旧等其他费用。原材料费用包括苗木费、肥料、工具工棚等,工资费用包括支付给育林、护林工人和相关管理人员的工资等[1]。

以广西的速生桉树林为例,其生长投入过程见表4-1:

表4-1　林木生产过程、投入和产出

Tab 4-1　the production process, input and output of the forest

生长经营阶段	生长经营过程	投入	产出
造林	①育苗或购入苗木 ②造林 造林设计 林地清理 当年抚育 修林道、防火线	①直接成本 苗木费(或育苗费) 人工费 肥料费 ②间接成本 林地清理费 炼山、防火线 物资运送费 ③林地地租 ④资金成本	
抚育	①抚育 补植和追肥 除草、病虫害防治 间伐 防火	①直接成本 抚育费 ②间接成本 工具、工棚费 病虫害防治费 防火费 ③林地地租 ④资金成本	间伐木

---

① G.鲁滨逊·格雷戈里著,许伍权,赵克绳等译.森林资源经济学[M].北京:中国林业出版社,1985:45-60.

续表

生长经营阶段	生长经营过程	投入	产出
采伐	①伐区设计 ②集材道开设 ③伐木集材 ④运材和销售	①伐区设计费 ②采、集装成本 ③运费 ④税费	立木

（2）自然增殖因素

自然力本身不是并不存在价值,森林资源资产之所以具有价值,是因为融入了人为的劳动干预,但在对林业资产进行价值分析的时候,自然力因素并不能进行准确的计量。与自然力直接相关的一个因素就是时间因素,林业作为生物性资产,在进行森林资源资产的培育和经营时具有生产经营的长期性特点,投入的时间因素往往是影响产出水平的关键因素,通常主伐期越长的林分,其产出越大,但时间投入越长,逐渐呈现边际收益递减的趋势。时间带来成本,与成本直接相关的是价值,因此在林业价值评估中,货币的时间价值是必然要考虑的一项因素,例如,成本法的应用需要考虑货币的时间价值。

4.2 森林资源资产价值的影响因素分析

4.2.1 自然因素

（1）树种和起源

树种是指树木的种类,东北等寒温带树种以针叶林为主,南方热带和亚热带树种以阔叶林为主。针叶林有华北落叶松、油松、侧柏和华山松林等,阔叶林有樟树、楠木、银杏、国槐、玉兰、小叶榕、桂花、女贞、法国冬青等。树种不同,其经济价值差异很大,一般阔叶树的经济价值较大,其中还有些名贵木材,如樟树、楠木等,同样规格的木材(如30cm胸径的大径材),杉木的价值是马尾松的2倍,马尾松的价值是一般阔叶材的2倍,而名贵的木材如楠木、檀木等是一般木材的10倍甚至更高,因此不同树种其价值量相差很大。

树种从起源来分,有天然林和人工林之分。天然林又称为原始林,是没有经过任何人工干预的原始森林,我国东北林区和西南高原峡谷地带存在少量天然林。人工林是指林分的起源由人为种植而形成的森林。一般天然林由于无人管护,多年形成大径级的林木,其材质好,价值量大;人工林经过人为种植和抚育,价值量根据经营目的不同而不同。无论天然林还是人工林,根据繁殖方式不同,分为实生林和萌生林。实生林是由种子繁殖而成,萌生林一般由根株或枝条萌发,萌生林早期生长快,衰老早,病腐率高,材质差,价值量低,实生林则相反。

(2)林分的质量

林分的质量因素包括林龄、树高、胸径、蓄积和出材率。林分的质量因素直接影响其价值,一般情况下,同样树种,林龄越接近主伐期的成熟林(经济林一般是在盛产期)价值量越高,林龄、树高、胸径、蓄积量、出材率与价值量的大小呈正方向变化关系。

用材林林龄和龄级划分,每一年是一个林龄,根据林龄进行龄级划分,龄级的划分有1年、2年、5年和10年,用材林的龄级分为幼龄林、中龄林、近熟林、成熟林和过熟林五个龄级,经济林分为产前期、初产期、盛产期和衰产期四个阶段。表4 - 2为广西主要用材林林龄和林组的划分标准,表4 - 3为广西主要经济林生产期的划分。

表4 - 2　广西用材林林龄级、龄组划分标准

Tab 4 - 2　the standard of age class and age group division for timber forest in Guangxi Province

树种	用途	起源	龄级期限	主伐年龄	各龄组年限				
					幼龄林	中龄林	近熟林	成熟林	过熟林
杉木	工业原料林	人工	5	16	≤5	6 ~ 10	11 ~ 15	16 ~ 25	≥26
	一般林	人工	5	26	≤10	11 ~ 20	21 ~ 25	26 ~ 35	≥36
马尾松云南松	工业原料林	人工	5	16	≤5	6 ~ 10	11 ~ 15	16 ~ 25	≥26
	一般林	天然	10	41	≤20	21 ~ 30	31 ~ 40	41 ~ 60	≥61
		人工	10	31	≤10	11 ~ 21	21 ~ 30	31 ~ 50	≥51
速生桉	工业原料林	人工	1	4	1	2	3	4 ~ 5	≥6

表4-3 广西主要经济林生产期划分表

Tab 4-3 the production period division of primary economic

forest in Guangxi Province

类别	树种	产前期	初产期	盛产期	衰产期
经济林	柑	1~2	3~4	5~12	>12
	桔	1~2	3~4	5~15	>15
	橙	1~2	3~4	5~15	>15
	桃	1	2~3	4~30	>30
	梨	1~3	4~6	7~35	>35
	柿子	1~3	4~6	7~30	>30

对于幼龄林,主要用林木的保存株数和树高对林木资产的价格影响较大,对于中龄林及以上林分,影响林分价值的因素主要有树高、胸径和蓄积。同样的蓄积量条件下,胸径越大,树高越高,林分的价格越高,在抵押贷款中,一般生长期较长的幼龄林变现风险较大,抵押价值较低,生长期短的用材林相对风险较小,如广西的速生桉。

出材率是指林分中经济材蓄积量与林分总蓄积量的百分比。林分的蓄积量是一个数量指标,而出材率反映的是林分产生的立木材积的经济利用价值的大小。蓄积量相同的两个林分,由于其树高、干形、病腐率不同,经济价值往往有很大差异,一般林木的直径越大,树高越高,干形越直,缺陷越少,出材率越高,经济价值越大。

(3)立地条件

立地质量是评价林分经济价值的一个重要因素,立地质量又称为地位质量,是对影响森林生产能力的所有生境因子(包括气候、土壤和生物)的综合评价的一种量化指标。立地质量包括土层厚度、腐殖质层厚度、土壤质地、海拔高度、坡位、坡向、坡形、地势等因素。立地质量与林地的质量直接相关,与林地质量呈正方向的变化关系,另外,也跟林木的生物学特性相关,林木不能离开林地而生长,林地质量越好,土壤越肥沃,腐殖质越多,林木质量越好。

立地质量通过查立地等级表得到,常用的立地等级表有地位级表、地位指数表、立地类型表、数量化地位指数表等。以地位级表为例,通常将不同的立地质量分为五级,用罗马数字表示,如调查某杉木,如表4-4所示,林龄为15年,平均树高15米,查表得到地位级为Ⅱ级,地位级越高,林木的经济价值越高。

表4-4 福建省杉木地位级表

Tab 4-4 the qualityclass table of china fir in Fujian Province

林龄/年	地位级				
	I	Ⅱ	Ⅲ	Ⅳ	V
5	6~5	5~4	4~3	3~2	2~1
10	15~13	13~11	11~9	9~7	7~5
15	20~17.5	17.5~15	15~12	12~10	10~7
20	23~20.5	20.5~18	18~15	15~12	12~9
25	26~23	23~20	20~16.5	16.5~13	13~10
30	28~25	25~21.5	21.5~18	18~15	15~11
35	30~27	27~23	23~19	19~16	16~12
40	32~28	28~24	24~20.5	20.5~17	17~13

(4)地利因素

森林资源资产的地利因素是指林地的外部经济环境条件,即林木所处的空间位置是否交通便利,是否便于经营,直接影响到经营这块林地投入成本的高低。因此,地利等级的高低将给林地的价值以极大的影响。地利等级通常是以林地与已建成的公路运输线路间的距离来确定的。

地利因素对林地使用权价值的影响主要反映在地块大小、规整度、坡度以及地块周围交通是否便利等方面。对林木的价值影响主要是交通运输情况,交通便利,便于林木运输,可以直接减少运输费用,而那些虽然蓄积量很大,但交通不便利,立木无法采伐和运输的林木则无法确定其价值量。地利因素在小班因子表上反映的"可及度",分为"不可及、将可及、即可及"。表4-5为广西某地地利因素的量化表。

表4-5 广西某地地利因素量化表

Tab 4-5 the quantization table of topographical advantages factor

in Guangxi Province

地利等级	一级	二级	三级
山体坡度(度)	≤15	16~25	≥25
交通便利程度	方便	较方便	不方便
林地规模(公顷)	≥5	3~5	≤3

4.2.2 经济因素

(1)营林成本

根据劳动价值论,生产成本直接影响森林资源资产的价值,在其他条件确定的情况下,成本越高,产品的价值越大。在林木生长经营的整个过程中,从育苗、种植到抚育、管护和采伐,整个营林过程都凝结了人类的劳动,包括原材料的投入、人工成本的投入和发生的间接费用。营林成本的高低一般取决于林地的立地条件、经营水平和技术标准,还取决于社会物价和工资水平。

在评估方法的应用中,成本法直接应用到林木的种植和管护成本,林木价值的大小与成本呈正方向变化关系;收益法中,成本作为一个收益的减项,与评估价值成反方向变化关系。

(2)林产品的市场价格

林产品作为森林资源资产的最终产成品,主要包括:用材林林木、纤维材、经济林的各种果实、药材、松脂、橡胶、食用原料、化工原料,等等。对于用材林林木,其价值是立木价格扣除生产这些产品的成本、一定的利润和税费之后的差额。立木价格是计算林木价值的基础,立木价格越高,林木的价值越高。对于经济林,在收益法中,收益预测的基础也是经济林所生产林产品的销售价格,售价越高,未来收益预测越高,林木的价值就越大。

林木价值随着林产品市场价格提高而增加,林产品市场价格随着市场环境的变化而变化,长期来看,市场经济不断发展,林产品的市场价格也会随着经济增长而提高,技术的进步和生产加工水平的提高也会提高林产品的收益水平。

（3）经营目标

经营目标直接影响森林资源资产的成熟期的界定。例如，同样树种，如果经营目标是出板材，那么需要的是大径级的木材，经营期相对较长，为了保证出材的质量，期间需要进行抚育采伐，等到成熟期，亩株数可能比较少，但径级大。如果该树种的经营目标是出薪材或纤维材，那么只需要小径级的木材，成熟时间短，期间不需要抚育采伐，成熟期所得的价值量也不相同。如表 4 - 2 广西省用材林林龄级、龄组划分标准，同样是杉木，由于经营目的不同，作为工业原料林主伐期是16 年，而作为一般用材林，主伐期则是 26 年。另外，作为工业原料林和用材林，经营目的不同，最终产品的价格也不同，一般用材林，所生产的木材一般分为原木和非规格材，按照蓄积量计算其价值，而作为工业原料林，如生产纸浆的工业原料林，其价值一般按吨来计算，价值量也与立木相差很多。

（4）经营水平

经营水平主要体现在林业经营主体的规模、机器设备的生产效率、企业品牌、技术管理水平。研发能力等方面。经营水平的高低可以通过企业的盈利能力和发展能力进行分析。经营水平越高，机器设备越先进，人员素质越高，其生产效率越高，产出能力越大，林产品的价值量自然增加。另外，品牌效应也是衡量林产品价值的重要方面。

4.2.3　法律和政策因素

（1）林种的划分

国家根据森林资源资产的自然功能和经营目的的不同将其划分为生态公益林和商品林。如表 4 - 6 所示。生态公益林是指生态区位重要，或生态状况脆弱，对国土生态安全、生物多样性保护和经济社会可持续发展具有重要作用，以提供森林生态和社会服务产品为主要经营目的的森林、林木和林地，包括防护林和特种用途林。商品林是以发挥经济效益为主的森林，是以生产木材、薪材、干鲜品和其他工业原料等为主要经营目的的森林、林木，包括用材林、经济林、薪炭林和竹林等。生态公益林的衡量主要侧重于生态价值和社会价值，商品林的衡量主要侧重其经济价值。

表4-6 林种分类系统表①

Tab 4 – 6 the system table for the forest classification

林种大类	林种	亚林种
生态公益林	防护林	水源涵养林 水土保持林 防风固沙林 农田防护林 护岸林 护路林 其他防护林
	特种用途林	自然保护区林 环境保护林 风景林 国防林 实验林 母树林 名胜古迹和革命纪念林
商品林	用材林	短轮伐期工业原料用材林 速生丰产用材林 一般用材林 天然用材林
	经济林	果树林 食用油料林 饮料林 调(香)料林 药材林 工业经济(原料)林 其他经济林
	薪炭林	
	竹林	毛竹林 杂竹林

(2)国家林业政策

由于森林资源资产的多功能性,不仅为社会提供着经济价值还具有重要的生

---

① 皮特·H.皮尔森著,张道卫译.林业经济学[M].北京:中国林业出版,1994.

态价值和社会价值,因此,所有人在行使森林资源所有权时,会受到国家相关林业政策的限制,我国有关资源保护的法律对森林资源资产的采伐进行限制,主要通过行政许可的方式实现①。目前我国对林业资产的限制政策主要包括采伐许可限制、运输许可限制、珍稀树木出口限制、采猎许可限制和森林、林木、林地使用权转让限制等。这些限制政策,直接影响了林木的价值实现,例如,到主伐期的林木资产,由于没有得到采伐许可和运输许可,显然其价值无法实现。

另外,为了大力发展我国林业经济,国家相关部门发布了一系列优惠扶持政策,如建立支持集体林业发展的公共财政制度,林业贷款贴息政策,林业税收优惠政策,建立政策性森林保险制度等,这些相关的政策措施都有效地加快了林业经济的发展,为林业资产价值实现提供了有力的支持。

(3)林业税费和价格政策

林业税费是指,就木材、林才及衍生品征收的税费,林业税费定得过高,限制了林业经营主体的生产经营积极性,定得过低又会造成滥砍滥伐等现象,破坏林业资源,因此,林业税费的高低关系到林业经济的发展。目前我国的林业税费主要有育林基金(以规格材销售价格的一定比例缴纳)、检疫费(按照每立方米缴纳)、伐区设计费(按照每立方米缴纳)、检尺费和运输证费(按照每立方米缴纳)以及管护费(按照每亩每年缴纳)等。应用收获现值法和市场价倒算法,林业税费作为收益的减项,其高低和构成直接影响林木资产的价值。

4.2.4 社会环境因素

社会环境因素主要包括社会经济发展状况、财政金融状况、物价水平等,这些因素通常会间接影响到森林资源资产的价值。

森林资源资产作为一项生物性资产,其自身的生长变化需要一个相对稳定的社会经济环境。社会环境稳定,经济持续增长会使森林资源资产的投资增加,投资者对林产品的需求量增加,价格呈现稳步上升态势;另外,社会稳定,经济发展会使社会公共设施改善,如修建道路、改善通信设施等,都会间接提升森林资源资产的价格。相反,社会经济发展停滞,政治不稳定,对林业投资减少,使林产品价

---

① G.鲁滨逊·格雷戈里著,许伍权,赵克绳等译.森林资源经济学[M].北京:中国林业出版社,1985.

格下降。

财政金融状况也会对森林资源资产价值产生间接的影响。良好的财政金融状况,使投资增加,货币流动性加快,森林资源资产价格提高。财政支出和财政直接投资会增加,货币流动性和社会投资也会增长,这些因素会直接带动森林资源资产价格的提高。

物价水平的上涨会带来生产成本的增加,由于森林资源资产生产经营的长期性,暂时的物价上涨不会给林业投资带来明显的影响,但当通货膨胀严重而且持续时,则会使成本上升,影响林业经营主体的投资积极性,资产价值受到打压。另外,物价水平的剧烈波动也会通过国家金融政策影响到利率水平,利率水平也会间接影响到林业投资,从而影响林产品的价值。

4.3 森林资源资产抵押贷款价值评估的特殊性分析

了解评估对象的价值特点才能更好地对资产价值进行评定估算,森林资源资产抵押与一般的不动产(如房地产、固定资产等)抵押不同,森林资源资产价值的特殊性主要是由于其作为生物性资产所决定的,生长经营的长期性和自身的自然增殖性使森林资源资产价值评估除了具有一般资产评估的所具有的市场性、公正性、专业性、咨询性、综合性、时效性、规范性、权威性、责任性和风险性等共性之外,还具有一定的特殊性。

(1)生产经营的长期性和生长的周期性

森林资源资产作为一项生物性资产,其经营周期通常较长,少则几年,多则几十年甚至上百年,一般用材林的经营周期较长,经济林和生产纤维材用材林生长周期较短。另外,作为一项生物资产,按照生长周期的不同阶段,用材林分为幼龄林、中龄林、近熟林、成熟林和过熟林;经济林分为产前期、始产期、盛产期和衰产期,处于不同生命周期的森林资源资产其生长特点不同,经济价值也不同,作为生物资产其价值规律是呈倒"U"型曲线,而作为一般的不动产,其价值规律则呈逐渐下降的趋势,如房地产、生产用固定资产等,如图4-1、4-2、4-3所示。

林木生长的长期性使我们在进行林业评估时首先要考虑时间价值因素,森林资源资产经营的长期性也造成了林业投资的高风险性,以及在资产评估过程中对未来收益预测的不确定性,对于存在间伐期的用材林林木资产采用收获现值法和经济林评估采用的收益净现值法,都需要对未来间伐收入和未来的经济收益进行预测。林业生长的周期性要求评估在选择方法时,根据不同生长阶段的特点选择恰当的方法。

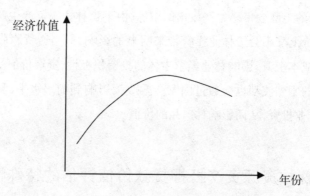

图 4-1　用材林资产生长期间价值变动情况

Fig 4-1　the value changes during the growth period of timber forest

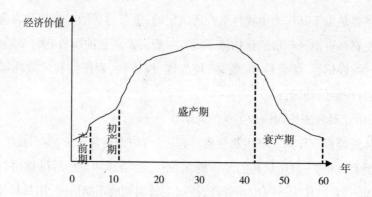

图 4-2　柑橘生长期间经济价值变动图

Fig 4-2　the changes of the economic value during the growth period of the orange trees

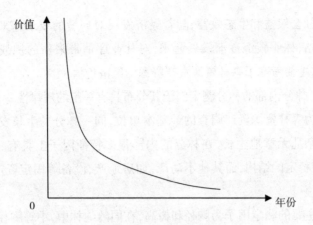

图4-3 一般资产存续期间价值变动情况图

Fig 4 - 3 the changes of the general assets during the period of existence

(2)森林资源资产的多功能性

森林资源资产作为一项生物性资产,结构复杂,形态各异,其功能也具有多样性,除了为社会提供木材、果品、食用油料、工业原料和药材等经济产品,还具有防风固沙、保持水土、涵养水源、保护生物多样性和栖息地、吸收二氧化碳等社会和生态效益,如图4-4所示。

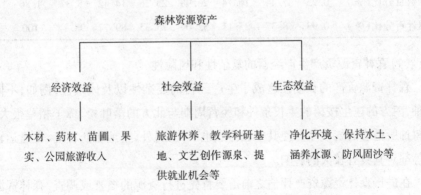

图4-4 森林资源资产的多功能性

Fig 4 - 4 the multifunctional character of forest resources assets

林业的多功能性,使得评估人员在进行林业评估时,除了考虑其经济效益外,还要考虑其社会效益和生态效益,随着经济发展对环境的要求越来越迫切,林业生态效益评估,林业碳汇逐渐发展起来,对林业评估带来新的挑战和发展机遇。在本研究中,主要考虑了森林资源资产资源的经济价值。

(3)同一林分内部的林分测定因子其分布具有一定的规律性

林分作为森林资源资产调查的最基本单位,同一林分的生长发育,其内部的树木并不是杂乱无章地生长,在林分的内部很多特征因子上具有一定的分布状态,表现为较稳定的结构,而其他不动产,如房地产、设备等固定资产则不存在这种规律性。

林分最主要的测定因子为胸径和树高,在同龄纯林中,中等胸径的树木最多,胸径较粗和较细的树木数量较少,其株数按照直径的分布序列所呈现的规律近似为正态分布。在树高的分布状态中,同样呈现出一定规律性,直径越粗的树高越高,在每个径阶范围上,接近径阶平均高的树木最多,较高和较矮的树木株数渐少,呈现近似的正态分布,如表4-7所示。

表4-7 某林分不同径级的株数分布表

Tab 4-7 different diameter class distribution in some forest

径级(cm)	8	12	16	20	24	28	32	36	合计
株数(株)	2	16	36	58	50	31	18	4	215
株数百分比(%)	0.93	7.44	16.74	26.98	23.26	14.42	8.37	1.86	100
累计百分比(%)	0.93	8.37	25.11	52.09	75.35	89.77	98.14	100	—

(4)森林资源资产生产经营的复杂性和风险性

森林资源资产的长期性造成了生产经营的复杂性以及风险性,例如,不同的树种,南方的速生桉树的生长条件和经营周期与北方的落叶松、樟子相差很大,不同树种所适应的气候差异使其生长特点也不同;另外,土地肥沃程度、交通运输条件等都对其具有较大的影响。

在进行森林资源资产评估之前需要首先进行资源的核查或调查,森林资源资产实物量大,变化多样,条件艰苦,造成了资产清查非常困难,而资源核查是否准确直接影响到资产评估的结果。另外,森林资源资产自身的生长极易受到自然因素的影响,风沙、火灾、病虫害等都造成了林业经营的不确定性,以上因素都造成了林业评估的复杂性和风险性。

(5)森林资源资产的可再生性和自然增殖性

森林资源资产具有可再生性,当森林资源资产受到火灾、病虫害、盗伐等破坏时,可以通过人为的培育使其再生,如果经营科学,可实现持续经营和永续利用。作为一项生物性资产,除了人为的种植、抚育和管护作用,自然力的因素也使其价值量不断增长,在进行价值分析时,林业价值融合了人为劳动和自然因素。

4.4 本章小结

(1)森林资源资产的价值形成过程,一方面是在自然力的作用下,自然生长形成一定价值,这体现在资产评估中,采用重置成本法计算森林资源资产价值,需要考虑货币的时间价值;另一方面,随着森林资源资产化管理,人为的社会劳动作用形成了一定价值,表现为林业资产形成过程中投入的成本费用,如育苗成本、定植成本、抚育成本、管护成本等。

(2)从自然、经济、法律、政策以及社会环境等方面分析森林资源资产的价值影响因素,其中自然因素和经济因素在所有价值影响因素中占有最重要的地位,这为收益法中折现率的风险体系的确定奠定了基础。

(3)从两个方面分析森林资源资产抵押价值评估的特点。一方面,分析了森林资源资产作为生物性资产其抵押价值评估不同于一般不动产抵押价值评估的特点;另一方面,分析了森林资源资产抵押目的评估不同于其他目的的林业评估的特点。

5 森林资源资产抵押贷款价值评估的理论分析

目前,我国抵押目的的资产评估和森林资源资产评估均未形成一套统一的理论指导实践,两者的结合——森林资源资产抵押贷款资产评估更是处于理论的"残缺和碎片"状态,没有统一的具有说服力的理论用于指导实践。构建完整的理论体系,关键要厘清在评估实务界和学术界对评估理论问题的争端。

5.1 理论分析的总体思路

理论的分析首先从研究的逻辑起点开始,资产评估研究的逻辑起点是资产评估的本质,资产评估的本质是"价值",是以维护交易各方的合法权益为目的,围绕着价值进行的公允判断。资产评估的目的与具体的经济行为相关,资产评估的目的确定了资产评估所选择的价值类型,价值类型是资产价值的表现形式。价值类型又决定了其他评估要素的选择。最后通过一定的评估方法和技术手段实现价值类型,在评估方法的选择和参数的确定方面都要围绕着一定的价值类型,得到评估结论,并对评估结论进行验证。

本书对理论问题的分析分为三个层次:

第一个层次是探讨森林资产抵押贷款资产评估的本质和职能,以及评估目的。

第二个层次是由经济行为和评估目的决定的价值类型的选择,以抵押价值类型为核心概念,决定了评估的假设、原则、基准日,以及相关评估要素的内在逻辑关系。

第三个层次是森林资源资产抵押评估的技术方法应用,根据评估目的,评估对象的特点、价值类型,选择恰当的评估方法,得到抵押资产的内在价值,为抵押贷款提供价值参考意见。

5.2 森林资源资产抵押贷款价值评估的本质和目的

资产评估的根本目的是服务于交易,提供价值估算的专业意见,维护当事人的合法权益,交易分为两种形式:资产权属发生转变和资产权属没有发生转变,抵押贷款资产评估属于后者。抵押贷款作为一种经济行为,所涉及的主体即利益相关者至少是两方:借款方和贷款方。借款方在利用森林资源资产申请抵押贷款时,希望最大限度地筹集到所需要的信贷资金,贷款的另一方金融机构则为了降低自身信贷风险,希望少贷出款项。作为中介的资产评估机构则对价值负责,提供双方满意的公允的评估值。

假设贷款方为 A,申请抵押借款方为 B,a 表示贷款方银行的理想价值区间,即银行不可接受价值区间;b 表示借款者理想价值区间,即借款者不可接收的价值区间。当借款不成功时(图 5 - 1),银行不放款,且抵押者贷不到款;当借款成功时(图 5 - 2),银行放款,抵押者贷到款。表 5 - 1 表示双方博弈的结果。

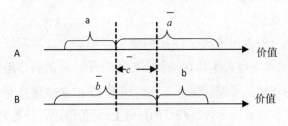

图 5 - 1 借款不成功时的价值区间

Fig 5 - 1 the value region for unsuccessful loan

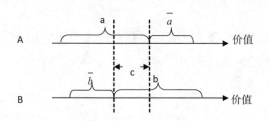

图 5 - 2　借款成功时的价值区间

Fig 5 - 2　the value region for successful loan

表 5 - 1　抵押借款双方博弈的结果

Tab 5 - 1　the result of the dicegame for both sides of the mortgage

B ＼ A	A	$\overline{A}$
B	C	$\overline{B}$
$\overline{B}$	$\overline{A}$	$\overline{C}$

　　以上分析表明:资产评估的本质是围绕价值进行的评定估算。抵押贷款债权人为了保障自己的权利,通过要求债务人或第三人提供相应的不动产作为抵押物,避免或降低债务人因无法偿还借款而产生的损失。作为抵押物,其实是债权的一个保证,是一种规避风险的金融工具。而对抵押物进行资产评估最主要的作用则是提高借款人的违约成本,当借款人的违约成本高于违约费用时,除非发生迫不得已的情况进行破产清算,否则正常情况下,借款人不会发生违约,有效地保护银行金融信贷安全。

　　在森林资源资产抵押贷款行为中,林业资产属于生长周期较长,变现风险较大的生物性资产,林业经营主体在抵押贷款中处于一定的弱势地位。因此,对森林资源资产进行评估除了提高债务人违约成本、维护金融信贷安全之外,评估机构更应该站在维护交易双方合法权益的基础上,对价值进行公允的判断。

　　评估目的与具体的经济行为相联系,在宏观层面上对评估对象及其环境产生了约束和限定作用,评估目的正是通过对评估对象和面临的约束条件,对评估技术思路、评估方法和相关经济技术参数的选择产生直接或间接影响①。

抵押贷款业务中，抵押物的设定是为了保障信贷安全，对抵押物进行评定估算的目的也是放在"保证信贷安全"的框架之下，对抵押物的评估是否科学公允，直接关系到金融信贷安全。综合资产评估"对价值发表专业意见服务于利益相关当事人"的本质和抵押贷款"保障金融信贷安全"的目的，便可以得出森林资源资产抵押贷款资产评估的目的，即保障金融信贷安全的基础上，对抵押物价值发表专业意见，维护信贷各方当事人的合法权益，一方面维护金融机构的信贷安全，另一方面考虑债务人的利益，使抵押权人获得合理的贷款额度。

5.3 价值类型的博弈分析

5.3.1 价值类型的对比

根据文献综述和对资产评估实务中现状的描述可见，目前争议最多的价值类型为市场价值、抵押价值和清算价值。

市场价值：《国际评估准则》（IVS）对市场价值的界定是，自愿买方与自愿卖方在评估基准日进行正常的市场营销之后，所达成的公平交易中某项资产应当进行交易的价值的估计数额，当事人双方应当谨慎行事，不受任何强迫压制。全国注册资产评估师考试用书中，市场价值的概念是指，资产在评估基准日公开市场上最佳使用状态下最有可能实现的交换价值的估计值。市场价值具有三个特征：一是市场价值是一种公开市场下理想的价值；二是买卖双方是完全自愿，地位平等，不受强迫；三是信息是完全的，不存在信息的不对称。

基于以上市场价值特征的分析，首先，抵押目的下，交易双方，即金融机构和贷款申请方，两者在地位上是不完全平等的，在森林资源资产抵押贷款业务中，在借款的审批和借款额度的掌握方面，金融机构通常处于一定的优势地位；其次，买卖双方的信息不对称，且不是完全竞争的市场环境，目前我国的林业交易市场并

---

① 广西林业勘察设计院.广西森林资源规划设计调查技术方法［M］.广西：广西壮族自治区林业局2008.

不发达,大部分地区尚未形成活跃的交易市场和交易价格,且在抵押贷款中,并未发生资产产权的转移;最后,市场价值是反映某一时点的价值,它随着市场条件的变化而不断变化,并未考虑到资产的可持续性的特点,当资产的市场价值随着市场的变化降落到抵押贷款额以下,债务人便有可能违约,抵押资产的债权担保效果便不复存在。由此看来,市场价值不适用于森林资源资产抵押评估业务。

评估实务中,有学者指出,"在已有的抵押融资中,通常使用的是市场价值类型,而非抵押价值,金融机构对抵押价值的实现即可贷额度,通常是通过金融机构多年积累的处置不良信贷资产的经验,对评估结果(市场价值)打折后来实现的,并以此作为借款的最高限额,即抵押贷款额度 = 评估机构的评估价值(市场价值)×抵押率"。在这种观点中,所谓的抵押价值其实是由市场价值计算得来的,这里的价值类型只能说是一种抵押额度,而不是真正的抵押价值。

清算价值是一种有限制的市场价值,是资产处于清算、迫售或快速变现等非正常市场条件下所具有的价值。从清算价值的概念分析,其特征是"被迫出售"和"快速变现"①。森林资源资产抵押贷款资产评估所得到的估值结果是针对抵押申请时,而不是抵押期结束抵押资产的变现价值,在抵押申请时点,抵押资产并没有面临快速变现和被迫出售的市场条件,因此,清算价值类型不适用于森林资源资产抵押评估业务。

5.3.2 博弈论与森林资源资产抵押价值类型的选择

随着我国经济的发展,我国对木材需求量逐年增加,2006—2013 年木材需求的平均增长率达到16%,由于森林资源资产经营的长期性,木材的供给无法跟上经济发展对木材的刚性需求,总体上林业资产价格呈现逐年递增的趋势。因此,市场价值同样呈现逐年递增的趋势,清算价值在被迫出售和快速变现的情况下,要低于市场价值。假设:

清算价值:$\underline{p}$;市场价值 $\overline{p}$;且 $\underline{p} \leqslant \overline{p}$

评估结果:$p = (1-\alpha)\underline{p} + \alpha\overline{p}$ 其中 $\alpha \in [0,1]$;

其关系如图 5-3 所示:

---

① 陈平留,刘健.森林资源资产评估运作技巧[M].中国林业出版社,2006.

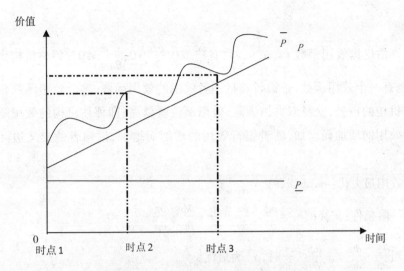

图 5－3 市场价值、抵押价值、清算价值

Fig 5－3 the market value,the mortgage value and the disposal value

在这个博弈分析中,经济行为主体为三方:借款方、贷款方和资产评估中介机构。

借款方(林业经营主体):希望采用较高的市场价值,因为可以多贷到钱,但加大了违约风险。

贷款方(银行等金融机构):希望采用较低的清算价值,或者用市场价值乘以较低的折扣率。

资产评估中介机构:评估的本质是"价值",评估目的是维护双方当事人合法权益,一方面保障金融机构的信贷安全,另一方面让林业经营主体贷到生产经营所需的资金,同时保障评估机构的业务量。

假设,银行效用函数 $u = f(p)$,且 $f'(p) < 0, f''(p) \leqslant 0$;银行效用函数表示,银行的效用 u 与评估的结果相关,一阶导数小于零,评估结果 p 越大,u 越小,银行效用越低,贷款风险越大,银行成本越高,二阶导数小于等于零,说明,随着评估结果 p 的增加,效用的变化率递减。

抵押者效用函数 $v = g(p)$,且 $g'(p) > 0, g''(p) \leqslant 0$;抵押者效用函数,说明,抵押者的效用与评估结果 p 相关,一阶导数大于零,即抵押者的效用随着 p 值的增加而上升,二阶导数小于等于零表示,随着 p 值增加到一定幅度,效用的变化率下降。

评估机构效用函数 $s = \phi(u,v)$，且 $\dfrac{\partial \phi}{\partial u} > 0$，$\dfrac{\partial \phi}{\partial v} > 0$；$\dfrac{\partial^2 \phi}{\partial u \partial v} \leq 0$。评估机构作为中介，也有一个效用函数，是银行和抵押者效用的效用函数，这个效用函数相当于评估机构的声誉，交易双方越满意，效用函数就越高，即评估机构的效用随着抵押者效用的增加而增加，随着银行效用的增加而增加，但两者的交叉边际效用为负。

效用最大化：$\max \phi(u,v)$

一阶条件：$\phi'_{\alpha}(u,v) = \dfrac{\partial \phi}{\partial u} \cdot \dfrac{\partial u}{\partial p} \cdot \dfrac{\partial p}{\partial \alpha} + \dfrac{\partial \phi}{\partial v} \cdot \dfrac{\partial v}{\partial p} \cdot \dfrac{\partial p}{\partial \alpha} = 0$

当 $\dfrac{\partial \phi}{\partial u} \cdot \dfrac{\partial u}{\partial p} = -\dfrac{\partial \phi}{\partial v} \cdot \dfrac{\partial v}{\partial p}$ 时，α^* 为最优

评估机构的目标是自身声誉最大化，即效用最大化，一阶导数等于零，得 $\phi(u,v)$ 效用最大值。用图来表示：

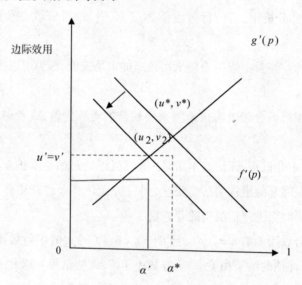

图 5－4　评估价值均衡图

Fig 5－4　the equilibrium diagram of the assess value

$\alpha \rightarrow 1$ 时，价格越接近市场价格；

$\alpha \rightarrow 0$ 时，价格越接近清算价格。

$$p^* = \alpha^* \overline{p} + (1 - \alpha^*) = \overline{p}$$

$p' = \alpha' \overline{p} + (1 - \alpha') \underline{p}$，说明银行更有势力，降低评估价格。

表 5 - 2　抵押者和抵押权人的博弈

Tab 5 - 2　the dicegame between the mortgagor and the mortgagee

银行 抵押者	贷款	不贷款
抵押	(u^*, v^*)	(u_1, v_1)
不抵押	(u_2, v_2)	(u_3, v_3)

抵押者想抵押，但贷款者不贷款时：$u_1 < v_1$，说明评估价格过高；

抵押者不想抵押，但贷款者想贷款时：$u_2 > v_2$，说明评估价格过低；

抵押者不想抵押，且贷款者不想贷款时：评估价格与抵押者和贷款者没有共同价格区间，一般是 v_3 过高，u_3 过低。

均衡情况是(u^*, v^*)，即理论上的帕累托最优，具体的价格情况根据银行和贷款者的势力强弱，较强的一方能获得自己较为满意的价格，使对方屈从。抵押贷款申请时，金融机构往往处于较强势地位，因此，$f'(p)$ 向左移动，形成(U_2, V_2) 实际的纳什均衡状态。

产生 $f'(p)$ 向左移动的原因有两个：一是目前林业经营主体可选择的融资渠道有限，对于贷款供给方形成了卖方占优势的融资市场；二是林业资产本身的生长周期较长的特点，以及相关林业限伐政策的影响，使得抵押资产变现风险较大。

博弈的结果既不是市场价值，也不是清算价值，而是抵押价值，是一个未来持续变动的市场价值的低点，这个价值是一个考虑资产未来的可持续经营和变现能力的价值。

5.4　其他评估要素的选择

5.4.1　森林资源资产抵押价值评估的原则

根据保障银行金融信贷安全和交易双方合法权益的评估目的,以及所确定的价值类型的特点,评估人员进行资产评估的原则除了遵循独立、客观、公正等工作原则和预期收益、供求原则、替代原则、贡献原则、评估时点原则等经济技术原则之外,还要遵循安全保守和谨慎的原则。据统计,我国不良贷款率和不良贷款存量居高不下的一个重要原因就是,相当一部分抵押贷款在对抵押物进行资产评估时发生高估现象,对抵押资产进行评估的本质就是保障债权的实现,因此,在资产评估的过程中,要以安全性为首要标准,与安全性直接相关的便是保守性,即要求资产评估人员以谨慎的态度对抵押资产进行评估。

根据价值类型的相关概念,抵押价值具有以下三个特点:持续经营性质、未来的可出售性和保守谨慎原则。因此,在评估方法中参数的选择方面也要考虑以下三个特点:

第一,持续经营的能力:资产未来带来的持续的净现金流在一定程度上反映了资产的未来盈利能力,具有稳定的收益保证了抵押资产未来的债权担保能力。与市场价值估算不同的是,在参数的选择方面需要注意剔除投机性因素和一些短期的偶然的因素影响,以能够实现的可持续现金流入作为参数选择的基础。

第二,未来的变现能力:森林资源资产作为抵押标的,是银行产生坏账时的第二还款来源,在评估参数的选择方面要考虑资产未来的变现能力,森林资源资产未来的变现能力受到市场条件的制约,如发育成熟、发达的林业市场有利于森林资源资产的交易和变现,而林业资产本身的特点也是影响未来变现的重要因素。在林龄的划分中,不考虑政策性因素的限制,幼龄林变现能力最差,中龄林次之,成、过熟林的变现能力最强。另外,主伐期短的林木资产比主伐期长的林木资产变现能力要强。

第三,保守和谨慎性:森林资源资产抵押贷款价值评估的评估目的是保护金融信贷安全,因此,要避免对抵押资产的高估和虚估,在评估参数的选择方面需要本着保守和谨慎的原则。例如在收益法评估时,对现金流入的估算要避免价格的短期上扬造成的资产价值的高估,在对历史资料进行分析的基础上科学地选择评估参数。

5.4.2 森林资源资产抵押价值评估的前提假设

从哲学和逻辑学角度讲,假设对于任何学科的发展都不可缺少,假设是推论的前提条件,是建立理论结构的重要基础①。从森林资源资产的价值特征来看,无论是其生物资产自然生长的特性还是随着市场经济发展资产不断变化的特性,抵押物价值无时无刻不在发生着变化。另外,不同的评估假设将评估对象设定在不同的环境中,评估目的不同,所得出的评估结论也不同。例如,清算假设下的清算价值,交易假设下的市场价值。如表 5 – 3 所示:

表 5 – 3 评估目的与评估假设对应关系

Tab 5 – 3 the corresponding relationship between the purpose and hypothesis of evaluation

项目	交易假设	公开市场假设	持续使用假设	清算假设
交易目的	√	√	√	
清算目的	√			
抵押目的	√		√	

(1)交易假设,是假定所有待评估的资产已经处于交易过程中,评估是根据待评估资产的交易条件等模拟市场进行估价。交易假设是资产评估得以进行的一个最基本的前提条件,在森林资源资产抵押评估中,资产评估的目的是保障银行信贷安全,考虑抵押资产未来可出售性和可变现性的基础上,保障各方权益得到公允的评估值。设定抵押权时,评估师在分析资产的可变现性和可出售性的基础上进行估值,当抵押期满,如果借款人发生违约,作为第二还款来源的抵押资产则需要以拍卖等交易方式进行变现,用于归还借款。因此,交易假设应作为抵押目的的资产评估的基本假设,但这种交易假设不同于其他评估目的(如交易目的的下

---

① 崔宏.基于银行贷款安全目的的抵押资产评估理论与方法创新[J].金融论坛,2007(1).

的评估),而是一种考虑资产未来的可变现性的一种交易假设。

(2)公开市场假设,公开市场是指在充分发达与完善的市场条件,一个有自愿的买者和卖者的竞争性市场,且买者和卖者的地位是平等的,信息是完全的,时间是充足的,买卖双方在自愿、理智、不受强制的状态下进行交易。在抵押贷款资产评估中,公开市场假设显然不适用,首先,抵押人和抵押权人地位不平等,在抵押借款市场上,目前金融机构处于一定的优势地位;其次,信息不完全,作为抵押物的森林资源资产,其交易尚未形成一个统一公开的市场环境,交易双方无法完全了解资产的市场价格。因此,对森林资源资产抵押贷款进行资产评估应建立在非公开市场前提下。

(3)持续使用假设,该假设首先设定被评估资产正处于在用状态,其次根据有关数据和信息,推断这些处于使用状态的资产还将继续使用下去。对于森林资源资产抵押贷款,第一还款来源是借款人的正常的生产经营所得,如果借款人未按照约定归还借款的本金和利息,金融机构才将抵押资产进行处置;用于归还借款。在设定抵押时,抵押双方并不希望看到抵押资产变现的那一刻,一方面,抵押人以资产抵押是希望获得生产经营所需要的资金,而不是将林业资产进行处置,另一方面,金融机构并不是资产销售机构,更不希望借款人因还不起借款而处置抵押物。按照抵押的含义,抵押物设定后,抵押资产是继续按照原来的状态继续经营,作为森林资源资产,除非发生清算变现等情况,依然按照原来的状态进行生产经营活动。在抵押权实现时,若发生违约等经济行为,则需要将抵押物拍卖变现,此时不再符合持续使用假设。

(4)清算假设,该假设是对资产在非公开市场条件下被迫出售或快速变现的假定说明。分析森林资源资产抵押评估业务,其评估目的是保障银行信贷安全,是考虑到抵押资产未来可出售和可变现的基础上对资产价值进行公允的判定,清算假设的要点是"被迫出售",抵押资产的价值评估并不是其未来的"被迫出售"价值,而是"可出售和可变现"价值。而被迫出售和快速变现强调的是未来资产所处的市场环境,作为第二还款来源的森林资源资产,并不必然处于被迫出售和快速变现的市场环境(例如,存在公开交易的市场环境时),且清算是建立在借款到期,债务人违约需要变现抵押资产的时点,而抵押价值评估的时点是抵押权设定时,因此,清算假设不适用于森林资源资产抵押评估业务。

综上分析,森林资源资产抵押贷款资产评估的前提假设不同于交易目的下的评估假设,是建立在非公开市场条件下,考虑抵押资产的持续经营和资产未来的可变现、可出售性分析的基础上。

5.4.3 森林资源资产抵押价值评估的评估基准日

评估基准日的选择和确定实际上涉及的是抵押资产评估的时点问题,根据"维护当事人合法权益和金融信贷安全"的评估目的,以及充分考虑资产未来变现能力的抵押价值类型,应该选择申请抵押贷款时或与评估人员进场相近的某个时点作为森林资源资产抵押贷款价值评估的基准日,原因有两个:

第一,具有较强说服力,易得到相关当事人认可。资产评估除了得到公允的价值结果之外,还需得到各方当事人的认可,资产评估师在对抵押物森林资源资产进行估算之前,要根据委托方提供的资料清单进行现场核查,若核查结果超出了误差范围则需要对森林资源资产进行调查,而委托方提供的资料清单通常是与申请借款日接近的某个时点,因此选择这个时点作为评估基准日说服力较强,且容易得到当事人各方的认可。

第二,根据《资产评估准则——评估报告》第二十一条规定,评估基准日可以是现在、过去或将来的某个时点,评估程序的准则释义中对评估基准日的选择也有相关规定:"注册资产评估师应当与委托方沟通,明确评估基准日。注册资产评估师应当提示委托方合理选取评估基准日,并根据专业知识和经验,建议委托方选取评估基准日时重点考虑以下因素:有利于评估结论有效服务于评估目的;有利于现场调查、评估资料收集等工作的开展"①。作为抵押物的森林资源资产,处于不断的生长变化之中,且在未来的经营风险、自然风险等很多不可控因素的影响下,评估人员往往选择有利于进行现场调查的日期作为评估基准日。

5.4.4 由评估目的和价值类型所决定的评估方法

根据《资产评估准则——评估程序》第二十五条规定:注册资产评估师应当根据评估对象、价值类型、评估资料收集情况等相关条件,分析市场法、收益法和成

---

① 国际评估准则理事会,中国资产评估协会. 国际评估准则 2011[M]. 北京:经济科学出版社,2012.

本法等资产评估方法的适用性,恰当选择评估方法。由此可见,评估方法的选择受四个因素的影响:一是评估目的,二是评估时的市场条件,三是被评估对象的自身特点,四是资产评估的价值类型。在森林资源资产抵押价值评估业务中,评估目的是为保障银行金融信贷安全,维护业务相关当事人合法权益;选择的价值类型为抵押价值;根据抵押森林资源资产的特点选择恰当的评估方法。在评估方法的选择上围绕三大基本方法,不同评估目的、不同价值类型所采用的方法途径和基本程序并没有太大差异,所不同的是参数的设定和考虑因素。

(1)评估目的与评估方法选择

评估目的是影响评估方法选择的重要因素。对于申请抵押借款的债务人,希望资产评估值尽量高,多贷到资金,以满足经营所需资金的需要。作为林业经营主体,抵押资产作为其重要的生产要素,其价值来源于以后该抵押资产为经营活动所带来的收益,可以选择在预测未来各期的收益并进行折现,即采用收益法。对于抵押权人银行等金融机构在对债务人的抵押资产价值进行认定时,希望评估结果保守谨慎,在未来能够保障债权安全,即在未来债务人发生违约的情况下,将作为"第二还款"来源的抵押资产进行变现,无论市场发生任何变化,都可以对债务进行足额偿还,因此,贷款人关注的是抵押资产的清算价值和未来足额抵偿借款的变现能力,即清算价格法。

(2)价值类型与评估方法选择

不同的评估目的决定了评估方法的选择方向,价值类型也制约着资产评估方法的选择,评估方法的选择围绕价值类型的实现。评估目的影响价值类型的选择,一旦确定了价值类型,则评估方法也要围绕价值类型的特点进行科学选择。根据前文叙述,森林资源资产抵押价值评估,其价值类型的选择采用抵押价值,抵押价值作为市场价值以外的价值类型,其特点围绕可持续经营性、未来的变现能力和谨慎保守的评估原则。评估方法选择的关键点是如何实现森林资源资产的抵押价值,这需要通过科学的评估技术和评估方法。

市场价值的应用首选市场法进行估价,且应该采用评估基准日的市场交易价格标准,还可以结合成本法和收益法。对于抵押价值的确定,巴塞尔协议补充文件中规定应同时应用收益法和成本法对市场价值和抵押价值进行评估,并且以收

益价值为主①。市场法在抵押价值评估中受到限制,主要原因是在森林资源资产
交易市场上,可比较的案例较少,林业市场不发达不完善;另外,抵押价值类型属
于非市场价值,因此,在抵押价值评估中选择收益法和成本法,但在市场法的应用
中,根据成熟林林木的价值特征,市场价倒算法通过对评估要素进行修正,可以用
于成熟林林木的抵押价值评估。抵押价值的特点是未来的可持续经营,即抵押资
产能够持续产生一定的净现金流或持续的收益,因此,收益法在抵押价值评估中
应该作为首选的评估方法。总之,抵押价值的确定,离不开三种经典方法,即收益
法、成本法和市场法,但在方法应用中参数的选择思路不同于市场价值。根据抵
押价值类型的特点和参数选择的原则,评估方法的选择和参数的确定都要与抵押
价值的特征相结合。

(3)评估对象特点、市场条件与评估方法选择

森林资源资产的自身特点决定了评估方法的选择,《森林资源资产评估技术
规范(试行)》中规定根据不同林种,选择使用的评估方法和林分质量调整系数进
行评定估算。评估方法作为获得评估值的技术手段,从理论上来讲,同一种资产
采用三种方法所得的评估值应该一致,这在理论上应该是成立的,这种理论上的
可能性可用图 5-5 表示。

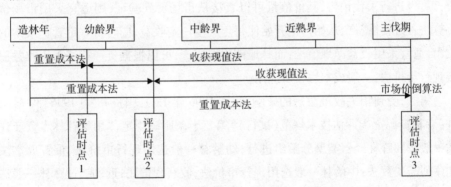

图 5-5 林木的生长阶段与评估方法

Fig 5-5 the growth stages of forest and its evaluation methods

在评估时点 1、评估时点 2 和评估时点 3,利用不同的方法所得到的林木资产

---

① 崔宏. 基于银行贷款安全的抵押贷款价值评估[J]. 经济理论与经济管理,2007(6).

的价值应该是相同的,从造林年份开始到幼龄界采用重置成本法,到中龄林采用重置成本法与采用收获现值法所得到的价值应该相同,到成、过熟林采用市场法与采用重置成本法和采用收获现值法所得到的评估值应该相同。

但在实际评估方法的选择中,森林资源资产一般分林龄段选择一定的评估方法。例如,幼龄林和产前期经济林一般采用重置成本法,中龄林一般采用收获现值法,始产期后的经济林一般采用收益净现值法,近、成、过熟林一般采用市场法中的市场价倒算法。这种分段选择评估方法的原因有两个:

第一,受资产自身特点的限制:森林资源资产是生物性资产的重要组成部分,其生长性和自然增值性决定了其生长经营具有一定的周期性质,且大部分商品用材林生长期较长,成本费用的投入和收入的产生都需要较长的周期,林木资产在每个生长阶段,生长率不同,经济价值也不同。在不同的经营目的下,林木的经营方式不同,采伐政策也不同,对林木经济价值会产生很大的影响。在评估方法的选择方面,需要根据资产的生长经营的长期性、周期性特点合理进行选择。例如,林业种植初期,幼龄林阶段,定植和抚育成本主要发生在前三年,成本费用投入大,费用项清晰,在幼龄林阶段适宜采用重置成本法;中龄林距离造林年限已久,采用成本法很容易对其价值进行低估,一般采用收获现值法计算;近、成、过熟林资产可以进行采伐销售,其价值量可以直接从市场得到验证,则适宜采用市场价倒算法;经济林资产,从始产期开始便每年产生一定收益,同时有一定管护成本的支出,适宜采用收益净现值法;而林地使用权资产,可以根据资产特征采用收益法或现行市价法,一般成本法较少应用。

第二,受到相关政策法规的影响,我国 1996 年 12 月国资办发[1996]59 号文件《森林资源资产评估技术规范(试行)》第三十条明确规定,"用材林林木资产评估一般按照森林经营类型分龄组进行,幼龄林一般选用现行市价法、重置成本法和序列需工数法;中龄林一般选用现行市价法,收获现值法;近、成、过熟林一般选用现行市价法中的市场价倒算法。"

5.5　本章小结

(1)本章主要针对资产评估要素选择的理论问题进行论述,厘清了各个评估要素之间的逻辑关系,明确了理论中存在的模糊认识。对理论问题的分析分为三个层次:从评估本质和评估目的出发;围绕价值类型——"抵押价值"核心概念;明确了各个评估要素的选择及实现价值类型的技术方法。

(2)森林资源资产抵押价值评估的本质是价值,是为了维护当事人合法利益而对抵押资产进行的价值判断。森林资源资产抵押贷款业务,抵押资产的设定目的是为了保障金融机构的信贷安全,降低信贷风险,其他评估要素都要围绕这个目的来确定。因此,评估实质是森林资源资产抵押价值评估理论分析的起点。

(3)价值类型是价值的表现形式,评估目的不同,所采用的价值类型也不同。目前我国的资产评估实务中,对抵押目的的评估,采用的是市场价值。本书在对市场价值、清算价值、抵押价值等价值类型的分析的基础上,根据保障金融机构信贷安全的评估目的,采用博弈论的方法,对抵押价值和市场价值进行分析,从保障当事人合法权益的角度进行了论证,提出了森林资源资产抵押价值评估应该选择抵押价值类型。抵押价值是考虑到资产的未来可持续性和当地的市场条件、资产的特征和用途,对资产未来的可出售性进行谨慎地评估的结果。以后章节对评估方法的讨论和参数的选择标准都围绕"抵押价值"的特点展开。

(4)根据所提出的抵押价值类型的基本特征和保证金融信贷安全的评估目的,分析了森林资源资产抵押价值评估应该遵循保守和谨慎的评估原则;分析了交易假设、公开市场假设、持续经营假设和清算假设的适用性,得出了在森林资源资产抵押价值评估中业务中,应选择的前提假设是交易假设、持续使用假设,在评估中本着保守和谨慎的原则;对评估基准日进行界定,根据评估的目的和评估准则,确定了评估基准日应该确定为与借款申请时相近的时点。

(5)一定的价值类型需要选择恰当的评估方法和技术手段来实现。对目前在评估实务中应用于森林资源资产评估的方法体系进行分析,并对影响评估方法选择的各个要素:评估目的、评估对象的特点、价值类型与评估方法之间的关系进行分析。

6 三种方法确定森林资源资产抵押价值的比较与适用性分析

6.1 市场法在森林资源资产抵押价值评估中的适用性分析

6.1.1 市场法应用的基本原理

市场法是指通过比较被评估森林资源资产与最近售出类似资产的异同,并通过林分质量、物价系数对类似森林资源资产价格进行调整,从而确定被评估资产价格的方法。运用现行市价法进行森林资源资产评估,需要有一个充分发育的活跃的交易市场。在市场经济条件下,市场交易越频繁,与被评估森林资源资产相类似资产的价格越容易获得,同时,也要求与被评估森林资源资产可比较的指标、技术参数等资料可以收集得到,在评估实务中,近、成、过熟林适宜采用市价法。在森林资源资产抵押价值评估中,具体包括现行市场价倒算法、现行市价法等。

1. 市场价倒算法

用于林木资产评估,是用被评估林木采伐后所得木材的市场销售总收入,扣除木材经营所消耗的成本(含有关税费)及应得的利润后,剩余的部分作为林木资产评估价值。其计算公式为:

$$E_n = W - C - F$$

E_n—林木资产评估值

W—销售总收入

C—木材经营成本(包括采运成本、销售费用、管理费用、财务费用及有关税费)

F—木材经营合理利润

市场价倒算法是成、过熟林林木资源资产评估的常用方法,它是假设被评估的林木资产,于评估基准日一次性全部采伐销售为前提的,该种方法在运用时所需要的技术和经济资料比较容易获得,方法简单,测算结果最贴近市场,容易被林木资产的买卖双方所接受。此种方法评估结果受到三个因素的影响:林木的销售收入,木材的经营成本和木材经营的合理利润。在实际操作过程中,应根据委托评估林木的实际情况确定木材的价格,根据当地的税费标准确定相关税费,根据小班情况确定采、集、运成本和相关费用,并根据当地的调查研究科学确定木材的生产经营利润。

2. 现行市价法

(1)林木现行市价法

此方法是以相同或类似林木资产的现行市价作为比较基础,估算被评估林木资产评估价值的方法。其计算公式为:

$$E_n = K \cdot K_b \cdot G \cdot M$$

E_n—林木资产评估值

K—林分质量调整系数

K_b—物价指数调整系数

G—参照物单位蓄积的交易价格(元/立方米)

M—被评估林木资产的蓄积量

该方法应用的前提条件是,被评估森林资源资产所在地区有一个相对成熟、完善的市场,且可以获得与被评估森林资源资产具有可比性的类似森林资源资产的市场交易案例。目前,我国尚未形成一个完全成熟、市场发育充分的森林资源资产交易市场,这种客观情况限制了此方法在评估实务中的应用。

(2)林地现行市价法

此方法是以具有相同或类似条件林地的现行市价作为比较基础,估算林地评估值的方法。其计算公式为:

$$E_u = K \cdot K_b \cdot G \cdot S$$

E_u—林地评估值

K—林地质量综合调整系数

K_b—物价指数调整系数

G—参照物单位面积的交易价格(元/hm^2)

S—被评估林地的面积

林地现行市价法的应用主要是在森林资源资产市场较为发达的地区,交易案例较易获得。目前,我国南方集体林区的集体林经营较为成熟,市场发展相对完善,但总体来看,我国林地交易市场尚不够健全,在同一区位的交易案例较少,较难找到可比的交易案例。采用林地市场价法通常需要对参照的交易案例的各项因子进行修正,需要考虑的因素主要有:①林地的地位级指数,一般用该地区交易林地的地位级,主伐时木材产量与被评估林地地位级预测主伐时产量的比值;②地利等级的因素,一般用现时林分地利等级主伐时立木价与参照林分相比确定;③交易案例时间的差异,一般用物价指数表示;④其他调整因素。

6.1.2　市场法计算森林资源资产抵押价值的适用性分析

市场法应用具有以下特点:第一,以近期交易的价格为基础,反映的是近期的市场交易或资产变现价格;第二,相同或类似的资产作为参照案例,不同的待评估资产,其参照案例的选择标准不同;第三,应用的前提条件是存在可比资产。分析市场法的特点发现,市场法所得评估结果,应该与市场价值最相接近,运用已被市场所检验的结论作为评估对象价值,显然最容易被资产业务各方当事人所接受,因此,市场法是资产评估中最直接和有说服力的方法之一,所得价值最贴近市场价值。

现行市价法基本原理是以相同或类似林木或林地资产近期市场成交价为基础,经过质量系数调整,估算被评估资产价值的方法。该方法的应用前提是被评估森林资源资产所在地区有一个相对成熟、完善的交易市场,且可以获得与被评估资产具有可比性的类似森林资源资产的交易案例。市场价倒算法目前主要用于近、成、过熟林林木的价值评估,该方法假设被评估资产一次性全部采伐销售,基本原理是将被评估林木采伐后,所得木材的市场销售总收入,扣除木材经营所消耗的成本(含有关税费)及合理利润,剩余的部分作为林木资产评估价值。市场价倒算法的应用简便,是市场法中最常用的一种方法,该方法的应用需要确定三个因素:林木的销售收入,木材的经营成本和木材经营的合理利润。

现行市价法一般应用于发达林业要素市场的林地使用权价值评估,商品林林木资产价值评估一般采用市场价倒算法,原因有两个:

一是资产本身特点限制:林业资产评估属于单项资产评估,且林业资产属于生物资产,其资产类型属于非规格资产,不同于房地产、设备等固定资产,资产本身的可比性较差。

二是交易环境的限制:目前我国的林业市场,虽然成立了一些林权交易所,建立了部分林权交易平台,但针对整个林分的林木资产尚未形成成熟、活跃的交易市场,没有形成统一可比的交易价格。因此,成熟林林木资产的评估一般采用市场价倒算法。而成熟林林木资产相对于其他林龄段的资产(幼龄林、中龄林)变现能力最强,抵押的风险最小,本书认为,用于林木评估的市场价倒算法,如果对评估要素进行适当修正,可以用于抵押价值的评估。

另外,市场法被认为是评估近、成、过熟林的首选方法,一般在幼、中龄林及经济林价值的评估中,则少采用市场法。因为,幼龄林和中龄林均处于林木资产生长发育时期,由于林业经营的长期性,幼龄林距主伐期较远,无法假设其市场出售时的价值,因此,无法采用市场价倒算法,经济林属于生产性生物资产,一般按照其每年所产生的收益采用收益法计算。鉴于以上分析,本书主要讨论市场价倒算法的应用。

6.2 收益法在森林资源资产抵押价值评估中的适用性分析

6.2.1 收益法应用的基本原理

收益法是指通过评估被评估森林资源资产未来预期收益并折算成现值,借以确定被评估的森林资源资产价值的一种资产评估方法。

运用收益法对森林资源资产进行评估时,其应用的前提是,资产可以带来连续的可预测的收益,如果没有预期收益或预期收益很少而且不稳定,则不能采用收益法。收益法的运用,实际是对被评估森林资源资产未来预期收益进行折现或本金化的过程。因此,收益法适宜对具有生产性特点的森林资源资产或用材林中的中龄林进行评估。在以抵押融资为目的森林资源资产评估中,收益法主要包括收获现值法、收益净现值法、年金资本化法、林地期望价法等。

1. 收获现值法

收获现值法是根据同龄林生长特点及林学特性,通过预测被评估林木的生长状况,测算林木在评估基准日到主伐期间的纯收益(采伐收入减成本费用)的折现值,扣除评估基准日到主伐时所支出的营林生产成本、地租等折现值的差额,作为林木价值的方法。其计算公式为:

$$B_n = K \times \frac{A_n + D_n(1+P)^{u-a} + D_b(1+p)^{u-b} + \cdots}{(1+p)^{u-n}} - \sum_{i=n}^{u} \frac{C_i}{(1+P)^{i-n+1}}$$

B_u—林木资产评估值

K—林分质量调整系数

A_u—标准林分 U 年主伐时的纯收入(指木材销售收入扣除采运成本、销售费用、管理费用、财务费用、有关税费、木材经营的合理利润后的部分)

D_a、D_b—标准林分第 a、b 年的间伐纯收入

C_i—第 i 年的营林生产成本

u—经营期

n—林分年龄

P—利率

收获现值法主要用于中龄林和近熟林林木的评估,其公式的计算较为复杂,此种方法主要针对造林年代已久,用成本法容易产生偏差,离主伐期尚早不宜采用市场法而提出的,此种方法在计算中需要考虑的要素有:①林分主伐时的纯收入,即木材销售收入扣除采运成本、销售费用、管理费用、财务费用及相关税费和木材经营的合理利润;②间伐的纯收入;③投资收益率,一般采用平均收益率进行测算;④评估基准日到主伐时的营林成本;⑤林分质量调整系数 K,一般根据待评估的林分与标准林分的蓄积或胸径指标进行调整。

2. 收益净现值法

该方法一般用于经济林价值评估,其基本思想是,将被评估林木资产在未来经营期内各年的净收益按一定的折现率折为现值,然后累计求和得出经济林林木资产评估价值的方法。其计算公式为:

$$E_n = \sum_{i=n}^{u} \frac{A_i - C_i}{(1 + p)^{i-n+1}}$$

E_n—林木资产评估值

A_i—第 i 年的收入

C_i—第 i 年的年成本支出

u—经营期

p—折现率(根据当地营林平均投资收益状况具体确定)

n—林分年龄

收益净现值法应用的前提是,林木资产每年都有一定收益,同时每年也有一定的成本支出,且具有一定的经济收益期,此种方法应用的关键在于几个要素的确定:①被评估经济林各年的收益;②经济林资产各年的成本支出;③折现率;④收获期。

3. 年金资本化法

该方法既可用于林木资产评估,也可用于林地使用权的评估。

(1)林木评估的年金资本化法

是将被评估的林木资产每年的稳定收益作为资本投资的效益,按适当的投资收益率估算林木资产价值的方法。其计算公式为:

$$E_n = \frac{A}{P}$$

E_n—林木资产的评估值

A—年平均纯收益(扣除地租)

P—投资收益率(根据当地营林平均投资收益状况具体确定)

年金资本化法应用的前提是,假设资产的经营期和收益期是永续经营,且每年的收益稳定,此种方法计算简单,所需要确定的只有两个因素,年平均纯收益和投资收益率,但在应用过程中要注意年平均纯收益的测算的准确性和投资收益率的科学性。

（2）林地使用权年金资本化法

年金资本化法又叫作地租资本化法,是将被评估林地资产每年相对稳定的地租收益作为资本投资收益,按适当的投资收益率估算林地评估值的方法。其计算公式为：

$$B_n = \frac{R}{P}$$

B_u—林地评估值

R—林地年平均地租收益

P—投资收益率

当林地使用权为有限期时,其公式在年金资本化法的基础上进行年期修正：

$$B_u = \frac{R}{P} \times \left[1 - \frac{1}{(1+p)^n} \right]$$

B_u—林地评估值

R—林地年平均地租收益

P—投资收益率

n—林地使用权的使用年限

4. 林地期望价法

该方法主要用于林地使用权资产的评估,是以实行永续皆伐为前提,从无林地造林开始计算,将无穷多个轮伐期的纯收益全部折为现值累加求和。其计算公式为：

$$B_u = \frac{A_u + D_a(1+P)^{u-a} + D_b(1+P)^{u-b} + \cdots - \sum_{i=1}^{n} C_i(1+p)^{n-i+1}}{(1+P)^u - 1}$$

B_u—林地评估值

C_i—第 i 年投入的营林生产直接费用(包括整地、栽植、抚育等费用)

A_u—现实林分第 U 年主伐时的纯收入(指木材销售收入扣除采运成本、销售费用、管理费用、财务费用、有关税费、木材经营的合理利润后的部分)

D_a、D_b—现实林分第 a、b 年的间伐纯收入

u—经营周期

V—年均营林生产间接费用(包括森林保护费、营林设施费、良种实验费、调查

设计费、基层生产单位管理费、场部管理费用和财务费用)

P—利率

5. 当林地使用权有限期转让时,进行年期修正,按以下公式计算林地使用权价值:

$$B_n = \frac{B_u \left[(1+p)^n - 1 \right]}{(1+p)^n}$$

B_n—林地使用权有期限转让价格

B_u—林地评估值(使用权无期限转让评估值)

P—利率

n—林地使用权转让年数

6.2.2 收益法计算森林资源资产抵押价值的适用性分析

收益法服从资产评估中"将利求本"的思路,即采用资本化和折现的方法来判断和估算资产价值。收获现值法是根据同龄林生长特点,通过预测被评估林木的生长状况,测算林木在评估基准日到主伐期间的纯收益(采伐收入减成本费用)的折现值,扣除评估基准日到主伐时所支出的营林生产成本、地租等折现值的差额,作为林木资产评估价值的方法。收获现值法主要应用于用材林的中龄林和近熟林林木资产评估中,收获现值法主要影响因素有:①林分主伐时的纯收入,考虑木材销售的收入与采伐相关费用以及木材经营的合理利润之差。木材销售收入是销售单价与木材蓄积量(单位:立方米)的乘积;采伐相关费用主要有采运成本、销售费用、管理费用、财务费用和相关税费等。需要注意的是,木材销售单价与运输费用的口径一致,若木材单价为路边价(采伐后在山下路边销售),则不包括将木材运到木材交易市场的运费,若木材单价为木材交易市场价格,则包含木材运输费用。②间伐收入,对于生长期较长的用材林,以合理经营为目的,需要对林木进行间伐,但通常其纯收入较低,甚至为负(间伐收入小于间伐成本),在评估实务中通常可以假设为零。③投资收益率,即折现率,对于经营期限较长的林木,如东北的栎类,六十年以上才到主伐期,折现率的微小变化都会使评估值有很大的差异。④评估基准日到主伐期的营林成本,主要包括第一年的定植成本,第二、三年的抚育和管护成本,以后期间的管护费用。⑤林分质量调整系数,一般根据待评估林分与标准林分蓄积或胸径进行调整。

收益净现值法的基本思想是,将被评估资产在未来经营期内各年的净收益按一定的折现率折为现值,然后累计求和得出林木资产价值的方法。收益净现值法主要应用于经济林林木的评估,是收益法中最常用的一种方法,经济林林木以提供果实、油料、香料、配料、树脂、药物等物质,具有较高的经济价值,一旦过了产前期,从初产期开始,每年都会产生一定的经济收益,且具有一定的收益年限。因此,将每年产生的净收益采用复利的方式计算现值,来确定资产的价值。收益净现值法的主要影响因素有:①被评估林木各年的收益;②资产各年的成本支出;③折现率的确定;④林分的收获期。

年金资本化法,将被评估的林木资产每年的稳定收益作为资本投资的效益,按适当的投资收益率估算资产价值的方法。该种方法既可以用于林木资产的评估也可以用于林地使用权的评估。

资产未来的变现能力和持续经营性,本质上与资产盈利能力相关,前文已述森林资源资产抵押价值评估的评估目的是保障金融信贷安全,而抵押价值类型则是在考虑未来资产的可持续性、可获利性和可出售性所得到的谨慎的持续的价值。市场法所得到的某一时点的市场价值与持续经营前提下的抵押价值类型不相匹配,以及成本法所得到的资产的重置成本与资产的未来持续经营和可获利性的特征没有必然联系,因此,有学者提出,收益法是确定抵押价值的最佳方法。崔宏(2007)①提出创新的以折现现金流为核心的评估方法来确定资产的抵押价值。收益法以预期原理为理论基础,能够体现资产的持续性,抵押价值属于非市场价值类型,在考虑抵押贷款价值评估技术方法时应首选收益法。

根据资产的自身特征和可获得的评估资料,在评估实务中收益法主要应用于中龄林林木的评估以及林地使用权的评估。对于大部分用材林(除了南方的速生丰产林),到中龄林阶段,其造林年代已久(通常在20年以上),各种成本项已经很难有确切数据进行准确计量,无法采用成本法,而距离主伐期还有一定的期限,林木未成材,无法采用市场价倒算法,因此,采用预测未来主伐期收益的方式进行估值。对于经济林,每年产生稳定净收益,且有一定的收益期,评估师可以根据预测

---

① 崔宏. 基于银行贷款安全目的的抵押资产评估理论与方法创新[J]. 金融论坛,2007(1):42－45.

经济林未来收益的方式进行估值。因此,受到森林资源资产自身生长规律性的限制,收益法适用于商品林林木抵押价值的估算,主要应用于中龄林和始产期以后的经济林的评估。

应用收益法测算森林资源资产的抵押价值时,公式中各个参数的测算是关键。由于大部分的林木资产都具有较长的收获期,计算公式中某个参数微小的变化都会使评估值有较大的波动。在用收益法测算林木资产的抵押价值时,最关键的是收入和成本项的预测,抵押价值的测算不同于市场价值,在对收入和成本预测时,需要剔除未来的不确定性因素的影响,考虑未来林木资产的可持续性和可出售性,不考虑投机性因素的影响。

6.3　成本法在森林资源资产抵押价值评估中的适用性分析

6.3.1　成本法应用的基本原理

成本法,是指按照被评估资产的现时重置成本扣减其各项损耗价值确定被评估森林资源资产价值的方法。

森林资源资产的重置成本是指,在现行市场条件下重新营造与被评估森林资源资产相类似的资产所需的成本费用。由于森林资源资产的特殊性,成本法的应用与一般资产相比也存在较大区别,在林业资产的生产和经营过程中,幼龄林的成本资料相对齐全且容易得到,因此,对幼龄林的价值评估通常采用成本法。成本法主要包括重置成本法、序列工序法、林地费用价法。

1. 重置成本法

是按现时工价及生产水平,重新营造一块与被评估林木资产相类似的林分所需的成本费用,作为被评估林木资产的评估价值。其计算公式为:

$$E_n = K \cdot \sum_{i=1}^{n} C_i (1 + P)^{n-i+1}$$

E_n—林木资产评估值

K—林分质量调整系数

C_i—第 i 年以现时工价及生产水平为标准计算的生产成本,主要包括各年投入的工资、物质消耗、地租等

n—林分年龄

P—利率

当抵押资产为幼龄林时,一般采用重置成本法,这一阶段对林木的种植、抚育、施肥、防虫防病、修剪等一系列的成本费用投入最多,且成本清楚,适宜采用此方法。重置成本法在应用过程中要注意三个要素的确定,一是林分调整系数 K,需要根据当地的平均生产水平为标准以及经营管理水平的不同确定,用材林主要采用树高、胸径、株数等,经济林采用树高、冠幅、株数等进行调整;二是每年以现行工价和生产水平为标准的成本投入,相关资料需要评估人员收集;三是利率 P 值的确定。

作为抵押资产,用材林和经济林在应用重置成本法时也不相同,用材林抵押物一般不存在成新率问题,而经济林属于生产性生物资产,随着生物资产的生长变化具有一定的产果周期,存在着经济寿命,当经济林过了盛产期后产量明显下降,因此经济林资产存在一定的实体性贬值、功能性贬值等因素,应该测算成新率。

2. 序列工序法

序列工序法是以现行工价(包括料、工、费)和森林经营中各工序的需工数估算被评估森林资源资产的评估值。此方法主要用于林木资产评估。其计算公式为:

$$E_n = K \cdot \sum_{i=1}^{n} N_i \cdot B \cdot (1+P)^{n-i+1} + \frac{R[(1+P)^n - 1]}{P}$$

E_n—林木资产评估值

K—林分质量调整系数

N_i—第 i 年的需工数

B—评估时以工日为单位计算的生产费用

P—利率

R—地租

n—林分年龄

序列工序法是资产评估中特殊的重置成本法,公式的计算比较简单,但在实务的应用中最关键的问题是参数的确定,应用此种方法最关键要确定各个工序的

工数和每个单位的工价,林业生产经营属于劳动密集型产业,林木的培育投入中很大一部分属于劳动的投入,此处的工价既包括投入的劳动力成本也包括物质材料和相关费用,科学准确地测算工价是此种方法应用的关键。

3. 林地费用价法

该方法用于林地使用权的评估,是以取得林地所需的费用和将林地维持到现在状态所需的费用来估算林地评估值的方法。其计算公式为:

$$B_u = A(1 + P)^n + \sum_{i=1}^{n} M_i(1 + P)^{n-i+1}$$

B_u—林地评估值

A—林地购置费

M_i—林地购置后,第 i 年林地改良费

n—林地购置年数

P—利率

林地费用价法又称为成本价法,其应用的前提条件是林地在购置和投资年间的费用明确且可计量。

6.3.2 成本法在森林资源资产评估中应用的特点

1. 考虑货币的时间价值

林业资产作为生物性资产,其价值量随着时间的变化在不断增长,林业资产生长周期较长,少则十几年多则几十年甚至上百年。在营林过程中,货币资金的长期占用产生了时间价值,因此利用成本法评估,不同于固定资产或房地产评估,需要考虑货币的时间价值。

2. 重置成本为"更新"重置,而非复原重置

在林业评估中,重置成本采用的是更新重置,即采用现时的价格,采用新的技术、新的材料和营林标准营造与被评估林分相同的森林资源资产所需的成本。采用更新重置的主要原因是,技术在不断进步,过去的技术和价格以及材料已经无法复制,随着技术的进步和新的营林技术和材料的出现,所采用的成本为现行标准。

3. 不考虑贬值性因素

在一般重置成本法的应用中,计算评估值时需要考虑资产的实体性贬值、功

能性贬值和经济性贬值。在林业评估中,森林资源资产作为生物性资产,其数量和质量都在不断发生着变化,用材林随着时间的变化蓄积量不断增长,经济林随着时间变化不断产出果实,因此并不存在类似于固定资产由于使用和磨损所带来的贬值。而经济林在生产经营过程中,可能存在由于新的培育技术和优良品种的出现所带来的类似于功能性贬值因素,但由于成本法主要用于产前期的经济林价值评估,在这个阶段的经济林尚未进入产果期,其价值的形成主要是以成本投入为主,基本不存在贬值性因素,更新重置成本是以标准林分的营造为依据,待评估林分与标准林分的不同主要反映在平均树高和每亩保存株数两个指标上,通常用 K 值来调整。根据《森林资源资产评估技术规范(试行)》规定,在幼龄林评估中,每亩保存株数,当 $r \geq 85\%$, $K_1 = 1$;当 $r < 85\%$, $K_1 = r$ 。其中 r 为株数的保存率 = 林地实际株数\造林设计株数。针对幼龄林,树高因素, $K_2 =$ 现实林分平均数高/参考林分标准树高。

6.3.3 成本法计算森林资源资产抵押价值的适用性分析

成本法是从资产的成本费用角度来评估资产价值的一种方法。是按照被评估资产的现实重置成本扣减其各项损耗价值确定被评估资产价值的方法。

重置成本法主要用于林木评估,是按现时工价和生产水平,重新营造一块与被评估林木资产相类似的林分所需的成本费用,作为资产的评估值。重置成本法主要应用于幼龄林林木的评估,无论是经济林的产前期还是一般用材林幼龄阶段,主要以成本投入为主,如定植、抚育、施肥、防病虫害、管护等一系列投入,过了抚育期,其成本投入逐年下降,趋于稳定,此阶段的成本项量大而清晰,可准确计量。重置成本法在应用过程中有三个要素需要确定:林分调整系数 K 值、每年以现行工价和生产水平为标准的成本投入 C 、利率 P 值。

序列需工数法是以现行的工价(料、工、费)和森林经营中各工序的需工数估算被评估森林资源资产的评估值。此方法主要用于林木资产评估。序列需工数法是将营林过程中的每一步按照一定的"工数"进行量化,并将以工日或工时为单位的生产费用进行标准化,再将每年的投入考虑时间价值折算为评估价值。这种方法原理简单,类似于产品的生产过程,但在目前的林业评估实务中,应用并不广泛。因为在林业生产中,"需工数"很难进行量化,不同于工业生产中的产品和在建工程的核算,可以将工业生产和工程建造进行标准化的计量,而在营林生产过程中,这种"需工数"很难进行标准化,因此,利用这种方法进行林业评估目前只停留在理论的探讨。

林地费用价法主要用于林地使用权的评估,是以取得林地所需的费用和把林地维持到现在状态所需的费用来估算林地评估值的方法。林地费用价法的应用需要确定两个因素,林地的购置费和投资年间每年的改良费。目前在评估实务中,对于林地的评估主要应用的方法还是市场法,林地费用价法理论上可以使用,但在目前我国的林地流转市场中,很多成本项并不是明确和可计量的,因此,这种方法在评估实务中并不常用。鉴于以上分析,在本章的成本法研究中,主要以重置成本法的应用为主。

在德国的房地产抵押评估中,成本法有着"两根支柱原则",即应该将抵押贷款的对象收益价值(收益法基础)和其成本价值(成本法基础)分别进行评估,其中以收益法为主,两种价值相互校验,而比较价值(市场法基础)则作为检查价值。如果房地产的成本价值和比较价值都比它的收益价值低20%以上,则须对作为评估基础的房地产收益的持续性以及其资本化系数进行特别审查[①]。如果经过审核确认了开始评估出的房地产收益价值,就要对结果的可靠性给出说明,否则就要适当地降低房地产的收益价值。新巴塞尔补充协议中要求:抵押价值应在成本价值和收益价值基础上评估,这一原则目前主要应用在商业房地产抵押评估中。由此可见,成本法在抵押价值评估中具有重要的地位。

在利用成本法对抵押的森林资源资产进行评估时,既要考虑到抵押价值类型中各种评估参数的确定,又要考虑待评估对象的特征和市场条件是否适宜采用成本法。森林资源资产有其自身的生长经营特点,其生长具有长期性和周期性,成本项的投入往往集中在定植和管护阶段,此阶段成本支出项多,数额较大,较多采用成本法,此阶段林木的成材风险较大,尚没有进入产生经济效益阶段,不适宜采用收益法,且立木交易市场不发达,很难寻找到相似的交易案例,因此市场法的应用也受到限制。成本法要求必须有成本明确和清晰的成本项,在林业的生长经营过程中,很多成本项并不能随着林木的生长经营进行有效和清晰的计量,即便可

---

① 曲卫东.德国房地产抵押价值评估理论与实践[M].北京:中国大百科全书出版社,2010.

以标准化的计量,到成熟期的林木,其用成本法估算的经济价值往往远远低于其实际的价值。因此,在林业评估中成本法主要应用于一般用材林的幼龄林和经济林的产前期阶段的价值评估,这种评估方法应用于特定林龄的限制不同于固定资产及房地产价值评估。

"合法、足额、易变现"是抵押资产的基本条件,幼龄林较之中龄林或成熟林,其生长经营的风险性要大,据主伐期时间较长,变现的风险也比较大,因此,在目前的评估实务中,评估机构采用成本法得到市场价值以后,往往被金融机构给予较高的折扣作为放贷的额度,但折扣率的多少并没有一个统一科学的标准,而采用成本法确定幼龄林的"抵押价值"可能也会较之市场价值的差距较大。

6.4　市场法、收益法和成本法的选择

比较三种方法,市场法侧重于对评估资产现实市场可实现价值的体现,收益法侧重于资产带来未来收益的基础上考虑资产的内在价值,成本法侧重于资产各项成本费用支出的角度决定资产的价值。

作为抵押标的的资产,需要满足的三个特点即"合法、足额、易变现",资产评估解决了抵押物是否足额的问题,与易变现直接相关的是市场环境,即金融机构最关心资产在产生坏账时抵押标的的变现问题。对比以上三种方法的思路,我们可以看出,市场法以市场交易为前提,解决抵押物未来是否顺利变现问题,市场法应最为适合。

从另一个角度考虑,由于森林资源资产的生物性特性以及目前我国林业要素市场的发育不完善,并不是所有的森林资产都具有可比的交易市场,这样的现实条件就制约了市场法在抵押目的的森林资源资产评估中的应用。另外,在选择一种评估方法时还需要考虑评估对象本身的特点,森林资源资产是不断生长变化的,且不同林龄段的资产特点也存在差异。例如,作为幼龄林的用材林资产,初始投入的成本项较容易获得,而幼龄林尚未达到间伐或主伐标准,不可能产生收益,也很难拿到市场进行销售,交易市场不完善,此时,收益法和市场法的应用受到限制,因此,一般情况下,幼龄林的价值往往采用成本法计算。

作为中龄林,已经过了幼龄林投入成本较集中的阶段,而尚未到主伐成熟的阶段,不易有完善的市场价格,此时常常采用收获现值法对用材林进行评估,处于盛产期的经济林,每年产生稳定的收益,未来年度收益可以有效进行预测的基础上也采用收益净现值法进行评估。对于已经到了近、成、过熟林阶段的林木资产,在能够获得市场上林木资产的销售价格的基础上则可以采用市场价倒算法来进行估值。

6.5　本章小结

(1)本章主要针对资产评估的三种方法在森林资源资产抵押价值评估中的适用性进行分析。分析了市场法在森林资源资产评估中的应用,目前,在评估实务中,一方面受到林业资产自身特点属于非规格产品的限制,另一方面受到目前林业资本市场环境的限制,现行市价法一般只应用于林地使用权的价值评估,林木资产一般采用市场价倒算法。通常认为,市场法是确认市场价值的最优和最具说服力的方法,但在林木资产的抵押价值评估中,市场价倒算法通过对参数进行修正和科学地选取,同样可以应用于抵押价值的评估。

(2)分析了收益法在森林资源资产评估中的应用,对收益法中的收获现值法、收益净现值法和年金资本化法的基本思想进行了介绍,并对每种方法在林业评估中的适应性进行了分析。收获现值法主要用于商品用材林中中龄林和近熟林的计算,收益净现值法主要用于始产期以后的经济林评估,年金资本化法可以用于收益稳定的林地使用权价值评估,采用收益法测算林木资产的抵押价值时,最关键的是收入和成本项的预测,抵押价值的测算,在收入和成本预测时,需要剔除未来的不确定性因素,考虑未来林木资产的可持续性和可出售性,不考虑投机性因素的影响。

(3)对成本法在森林资源资产抵押价值评估中的适应性进行了分析,成本法中最常用的方法是重置成本法,森林资源资产有其自身的生长经营特点,其生长具有长期性和周期性,成本项的投入往往集中在定植和管护阶段,支出项目多,林木的成材风险较大,尚没有进入产生经济效益阶段,不适宜采用收益法,且立木交易市场不发达,市场法的应用也受到限制。因此,成本法往往应用于一般用材林的幼龄林和经济林的产前期阶段的价值评估。

(4)评估人员在收集大量资料的基础上,根据评估目的选择适当的价值类型,在分析评估对象自身特点的基础上选择恰当的评估方法评定估算。对比三种评估方法,市场法侧重于交易目的下可实现的市场价值,通常适用于成、过熟林的价值评估;收益法侧重于未来收益的基础上资产的内在价值,通常应用于中龄林和经济林的价值评估;成本法侧重于资产各项成本费用支出的角度决定资产的价值,通常适用于幼龄林的价值评估。

7 三种方法在抵押价值评估中参数的
确定方法及存在的不足

7.1 市场法确定森林资源资产抵押价值
参数的选择和存在的不足

在市场法的应用中,最常用的方法是市场价倒算法,基本原理是,将被评估林木采伐后所得木材的市场销售收入,扣除木材经营所消耗的成本(含有关税费)及合理利润后,剩余的部分作为林木资产评估价值。按照市场价倒算法的基本公式,首先需要确定的两个关键参数是木材的销售收入和木材生产经营成本。

7.1.1 木材销售收入的确定方法及存在的不足

(1)木材销售收入的确定方法

木材的销售收入由用木材销售的平均价格与木材的蓄积量相乘得到,不同树种的材质不同,不同规格、胸径、树高的木材价格也不相同。在资产评估实务中,评估人员通常采用评估基准日的木材的单位价格,具体的方法是由评估人员根据待评估林分的胸径、树高、材质等,通过对当地木材市场进行询价并根据委托方提供的相关信息进行确定。木材的蓄积量在成熟林中不需要进行预测,根据小班清单和森林资源资产核查的结果进行选择。

（2）收入确定中存在的现实问题

目前的评估实务中，对于收入的确定方法是基于"市场价值"的计算，收入的确定以生产量和单价为基础，木材的单价采用的是评估基准日当地木材市场的销售价格，这种采用评估基准日的价格标准，应用在"抵押价值"的计算中，存在两个问题：

第一，抵押资产作为债权保障的第二还款来源，需要考虑其未来的可持续经营能力，以及资产未来存在的潜在变现的可能性和资产未来的变现能力。未来抵押资产的变现，可以是未来抵押期内的任何时点，因为借款方在未来抵押期间的任何时点都可能违约，资产面临变现风险。市场价倒算法公式中参数的选择采用评估基准日的价格标准，显然难以明确反映资产未来抵押期间的可变现价值。

第二，评估目的决定价值类型，评估方法是计算特定价值的途径，评估方法的选择要根据评估目的和价值类型，参数的确定是方法应用的直接决定因素，因此，交易目的下选择的市场价值，方法中参数的选择应该基于评估基准日价格标准；而抵押贷款目的下选择的抵押价值类型则应该采用与抵押价值相对应的评估方法和参数标准。

7.1.2 木材生产经营成本的确定方法及存在的不足

（1）木材生产经营成本的确定方法

木材的生产经营成本包括的内容较多，主要包括：采伐、集装、运输成本；育林基金、检验检疫费；伐区设计费；管理、销售和不可预见费用。这些成本费用项可以分为两大部分，一部分是按照木材单位蓄积计算的，如采伐、集装、运输、伐区设计费等是按照每立方米木材或每立方米木材每公里运距计算；另一部分是按照销售收入的一定比例计算，如育林基金、检验检疫费，销售、管理和不可预见费用。这些费用一部分是由相关政策规定的，但不同地区也可能不同，需要评估人员根据具体情况确定。

（2）木材生产经营成本确定存在的问题

成本要素确定与收入的确定存在同样的问题：采用评估基准日的价格标准计算木材生产经营的成本，无法反映在未来抵押期内，抵押资产的变现能力，即参数的选择标准与价值类型口径不一致问题。

7.1.3 合理利润率的确定方法及存在的不足

(1)合理利润率的确定方法

木材生产经营的合理利润包括采伐、集装、运输等环节的利润,目前在实际操作中是按照计算出来的木材生产经营成本的一定百分比计算的,即成本费用利润率,通常使用的百分比为木材生产经营成本的16%,这个比例的确定通常是一个经验数值,通过对中林公司自2008年至2013年的涉及市场价倒算法的342份(包括各种评估目的)评估报告进行统计发现,大部分报告中采用了16%的比例,少部分采用13%,个别采用12%的比例。

(2)合理利润率的确定存在的问题

木材生产经营的合理利润部分,包括销售和采运段利润,即从活立木进行采伐、集装、运输直到销售整个过程的利润率。合理利润的选择目前自由度较大,一般按照经验判断法选择12%~16%,这种方法虽然简单,但缺少科学的依据,给了评估者对价值进行操作的空间,所计算的结果其科学性受到质疑。评估实务中有评估师提出通过木材采运企业的成本利润率来确定,对中国科技统计年鉴分行业统计情况进行调查发现,木材采运企业的销售利润率情况只统计到2002年,2002年以后木材采运行业加入到了流通企业进行统计,如表7-1所示。

表7-1 木材采运企业销售利润率

Tab 7-1 the ratio of sales profit in logging enterprise

年份	1991	1992	1993	1994	1995	1996
销售利润率	9.7	9.4	117.4	9.8	30.3	8.02
年份	1997	1998	1999	2000	2001	2002
销售利润率	8.6	8.8	8.7	28.1	30.1	32.7

资料来源:中国科技统计年鉴

利用科技统计年鉴中的相关数据存在两个问题:第一,数据量不全,随着林业采伐运输行业的萎缩和行业的融合,纯粹的林木采伐企业已经很少,因此,到2003年以后的统计将这个行业并入到了其他相关行业。第二,即便存在着每年的统计数据,行业中不同地区的不同经营环境的采伐销售利润率也不相同,需要根据实际情况调整计算。

在有关森林资源资产评估的课本中以及学术研究中,也给出一些经验值,陈平留主编的《森林资源资产评估》中关于利润率的论述:利润率一般按照社会平均利润率确定,它可以由经济统计资料算出,如福建省1993年在森林转让参考价格中建议森工生产利润率定为20%,营林生产为16%,这个数据给出的经验值是20世纪末的经验值,二十年后的现在,宏观经济数据已经发生了很大变化,且所给的值是基于当时福建地区的实际情况,而在东北林区、西南林区,其利润率应该不同,因此,目前仍然采用16%的经验值,其评估值的科学性则值得商榷。

7.2 收益法确定森林资源资产抵押价值参数的选择和存在的不足

在收益法的应用中,有收获现值法和收益净现值法以及年金资本化法等,基本原理是一致的,需要确定的基本因素分别为:收入、成本、折现率、收益期和林分调整系数。

收益期间的确定是收益法应用的重要因素,在抵押价值评估中,无论是商品用材林还是经济林,其收益期在造林过程中已经明确,商品用材林的收益期为主伐期,不同的林种不同树种和不同的地区其收益期都不相同,另外,经营目的不同,主伐期也不同。经济林也是根据其从始产期开始到衰产期,计算其收益期间,因此,目前评估实务界和理论界对收益期的确定没有异议。

林分质量调整系数 K 表示待评估资产与标准林分之间的差异,在中龄林的评估中,林分调整系数考虑两个参数:一是胸径,二是蓄积量。K_1 表示待评估林分平均胸径与标准林分的差异,用待评估林分平均胸径除以标准林分平均胸径;K_2 表示待评估林分的蓄积量与标准林分蓄积量,用待评估林分亩蓄积除以标准林分亩蓄积量。K 的确定在理论界和实务界目前不存在任何争议,在抵押价值和市场价值的确定方面,也没有不同。

但在收入、成本和折现率的确定上,参数的确定存在一定问题,以下是目前评估实务中参数确定方法与存在的问题。

7.2.1 收入要素的确定方法与存在的不足

（1）评估实务中收入的预测方法

目前,在抵押目的的森林资源资产评估实务中,普遍采用的价值类型是市场价值,收益法应用的基础是确定净收益,净收益确定的基础是收入。对于一般用材林,主要是主伐期的收入和间伐收入;对于经济林,主要是始产期、盛产期和衰产期内各年所带来的收入。

对于用材林,未来主伐期的收入 = 未来主伐期的蓄积量 × 评估基准日的木材市场单价,未来主伐期蓄积量通过各地的林分和树种生长率表进行复利计算求得,以小兴安岭为例,北坡主要树种净生长率如表 7 - 2 所示。

表 7 - 2　小兴安岭北坡林分净生长率表　单位:%

Tab 7 - 2　the net growth rate in north slope of Xiao - xingan mountain　unit: %

林分类型	幼龄林	中龄林	近熟林	成熟林	过熟林
柞树林	7.4222	4.5851	3.5837	1.6039	0.8893
白桦林	6.1901	3.7427	2.6279	1.8534	1.0887
黑桦林	5.9572	2.8867	1.2022	0.2364	—
软阔林	6.3702	4.0951	2.8665	2.0373	0.9763

例如,40 年生天然柞树（中龄林）,评估基准日调查亩蓄积量为 4.1 立方米/亩,主伐期蓄积量 = $4.1m^3 \times (1 + 4.5851\%)20 \times (1 + 3.5837\%)20 = 20.3240m^3$。

各地的树种生长率表一般是按照标准林分的正常生长量来计算的,在实务操作中,要根据不同林分的实际生长状况进行调整,调整的依据为蓄积量,即待评估林分的蓄积 ÷ 标准林分蓄积 × 预计蓄积量。

对于经济林,每年收入的确定公式为:评估基准日产品（经济林所产出的果实、药材、调料等）市场单价 × 预测期未来每年的产量,未来产量的预测一般需要聘请经济林专家,根据经济林所处的阶段（始产期、盛产期或衰产期等）的林况（枝条量、树势情况等）以及经营水平（主要包括施肥、浇水、农药、园艺场规划、剪枝的人工管护等）对未来期间各年的产量进行预测,在产量预测的基础上,乘以评估基准日该种产品的评估市场单价即每年的收入。

（2）收入要素的确定存在的问题

收入的确定以生产量和单价为基础，目前评估实务中所计算的"市场价值"类型，评估单价采用的是评估基准日的当地林木的市场价格，这种市场价格应用在抵押价值的计算中，存在两个问题：

第一，量与价的口径不一致问题：产量的预测方法是根据专家意见预测未来产量和根据生长数表计算未来主伐期的立木蓄积，而价格采用的是评估基准日的价格，显然存在口径不一致的问题，目前评估实务采用的基准日单价主要是基于避免出现未来市场价格不易预测的难题。

第二，价与价值类型口径不一致的问题：市场价值的评估是采用评估基准日市场单价来计算，但对于抵押价值，考虑评估对象的未来可持续性和可出售性的特点，所得的价值是一个相对保守谨慎和易变现的价格，要求在抵押期内的任何时点都能够保证未来债权的实现，因此，在抵押价值计算中采用评估基准日的市场价格标准显然不妥。

7.2.2　成本要素确定方法与存在的不足

（1）评估实务中成本的确定方法

成本项的预测类似于收入预测，通过委托方提供成本资料和市场调查相结合的方法，对营林成本、采运成本和林业各项税费资料进行搜集，采用的是评估基准日的价格标准。在林木价值评估时，林地的地租作为一个营林成本项。

经济林的相关成本在不同的生长阶段组成不同，一般根据园艺场管理人员叙述和聘请相关专家进行调查，在产前期的成本最高，一般包括定植成本和管护成本，如施肥、喷洒农药、浇水、修剪、除草、松土等。从始产期开始为每年一定的管护成本。用材林的成本同样是第一年最高，包括定植成本、抚育成本和管护成本；第二和第三年次之，主要包括抚育和管护成本；以后每年为一定的管护成本。

（2）成本要素的确定存在的问题

成本要素确定与收入的确定存在同样的问题，即单价与产量口径不一致问题，以及单价与价值类型口径不一致问题。

第一，收益法中对未来成本进行预测，所采用的价格标准为评估基准日的市场价值，所搜集的资料也是按照目前（评估基准日）的价格标准营造一片新的林子所需要的成本项,而所预测的产量为未来产量,因此,价格标准和产量口径不一致。

第二,市场价值类型采用评估基准日市场价格标准,但对于抵押价值类型,其特点是考虑资产未来的持续经营和可出售性,采用评估基准日的价格标准显然缺乏科学依据。

综上,在市场法和收益法的应用中,都需要对收入和成本要素进行确定,虽然两种方法在收入和成本的构成内容上不同,但存在问题的性质一样。

7.2.3 折现率的确定方法与存在的不足

(1)评估实务中折现率的确定方法

目前在评估实务中,折现率的确定采用的是经验判断法,确定的原则是南方树种折现率大于北方树种,速生丰产林折现率大于一般用材林,工业原料林折现率大于一般用材林,经济林折现率大于用材林。用材林一般在6%~8%,经济林一般在10%~15%,根据风险因素、经营条件和经营目的作适当调整,总之,主伐期越长的树种折现率相对越小。

(2)折现率确定存在的问题

无论是1996年颁布的《森林资源资产评估技术规范(试行)》(以下简称《技术规范》),还是目前所出版的森林资源资产评估相关的书籍,对资产折现率的探讨都基于经验值。《技术规范》中对折现率的相关规定是以南方的速生丰产林为基准确定的,其利率的测算是基于南方的速生丰产林,相比较南方的阔叶树种,北方林区的针叶材由于相对干燥寒冷的气候条件,主伐期长。以南方速生树种桉树为例,生长5年就可以砍伐,而北方的针叶林,主伐期都在60年以上,再如经济林中,苹果、梨树、核桃、柑橘、茶树等,由于其产果期不同,风险的测算也不相同。且同一树种,不同林龄,其风险构成也不相同,幼龄林存在造林失败的风险,而在中龄林则不存在这种风险。目前的《技术规范》或其他学术论文中所提出的折现率的经验值,大多是基于某一个特定地区的特定或典型树种,并不具有普遍的应用性。

目前所采用的经济林、用材林、速生丰产林的利率水平主要应用的是经验判断法,这种方法实用性强,但属于主观判断,缺乏一定的科学依据,其公允性和科学性受到明显质疑,折现率的经验判断,也给评估人员留下了对评估结果进行调整的空间。

7.3 成本法确定抵押价值参数的选择和存在的不足

7.3.1 重置成本参数的确定方法

重置成本中,各项成本的确定基础是各年以现时工价及生产水平为标准计算的营林成本,成本项的测算是以评估基准日的工价标准为依据。这样做的原因是,我国的大部分营林企业或林业经营主体,在林业定植和抚育、管护阶段,一些历史成本数据已经不复存在,即便存在这样的历史成本数据,可能也并不准确,即便是假设历史数据准确,但由于林业的生长经营周期较长,在评估基准日不宜采用过去的历史成本数据。分析我国历史市场环境,对过去历史年平均通货膨胀率进行统计发现,各年度平均价格的差异较大,根据我国历史数据计算平均通货膨胀利率较为困难,而且,通货膨胀率也难以反映森林资源资产价格的变化趋势,表7-4为2000—2011年我国平均年通货膨胀率的统计。

表7-4 2000—2011年平均年通货膨胀率统计 单位:%

Tab 7-4 the average inflation rate in each year from1988 to 2010 unit:%

1988	1989	1990	1991	1992	1993	1994	1995	1996	1997	1998	1999
18.8	18	3.1	3.4	6.4	14.7	24.1	17.1	8.3	2.8	-0.8	-1.4
2000	2001	2002	2003	2004	2005	2006	2007	2008	2009	2010	2011
0.4	0.7	—0.8	1.2	3.9	1.8	1.5	4.8	5.9	-0.7	3.3	4.9

数据来源:中国统计年鉴

成本数据若采用历史成本资料,在货币时间价值的计算中,也要考虑通货膨胀率的影响,鉴于我国通货膨胀率的不稳定,很难得到一个反映某一行业真实风险数据的利率。因此,营林成本数据的搜集,目前评估实务采用评估基准日的价格水平计算。

7.3.2 利率的确定与存在的不足

（1）资产评估实务中利率的确定方法

森林资源资产评估中的重置成本法，需要考虑货币的时间价值，复利系数的大小直接影响到评估结果。

目前，在资产评估实务中，通常采用经验判断法选择一个复利系数进行测算，一般根据资产的实际情况进行判断。其参数选择方法与收益法中的折现率相同，即按照风险累加法计算确定，根据无风险报酬率＋风险报酬率通过经验值的方法确定，一般以4%、6%、8%、10%或12%不等。这种方法使用起来非常简单，但其科学性值得推敲。

（2）利率确定存在的问题

选择与收益法折现率相同的复利系数存在两个问题：

第一，评估值受复利系数影响严重。森林资源资产的生产经营周期一般较长，所采用的复利系数对评估结果有很大影响，由于采用与收益法相同的较高的复利系数，使得主伐期越长的树种其评估值经过复利之后产生惊人的变化。即便是南方的速生丰产林，主伐期在20年的杉木，初始投资按照每公顷6000元计算，按照6%的复利系数计算，主伐期其计息成本为18242元，是原投资的3.2倍，按照4%复利系数计数，计息成本为每公顷13147元，是原投资的2.2倍。若计算北方主伐期长的慢生树种，按照6%复利系数计算，七八十年后的主伐期计算所得价值是原投资的数百倍，主伐期越长，经过复利之后所得的数据越高得惊人。为了避免产生这样的数字，目前评估实务中的做法是人为地将主伐期长的树种的复利系数降低，如北方采用4%左右，南方主伐期越短的树种，为避免经过复利后的价值量过低，采用6%、8%或更高的复利系数，人为提高或压低复利系数显然造成了评估师在参数选择方面缺乏科学依据。

第二，不符合成本法复利系数的基本含义。成本法中的利率是一个纯粹的货币时间价值的概念，在森林资源资产的营林过程中，按现时的工价及生产水平重新营造一块与被评估森林资源资产相类似的资产所需的成本费用，作为森林资源资产的评估值。而营林的期限较长，需要考虑资金的时间价值，这里的时间价值应该是一个资金的机会成本，而在实务中，重置成本法中选择与收益法中折现率相同的利率,一方面幼龄林与中龄林的生产经营风险不同,不应采用同一个折现率进行估值;另一方面两个利率是不同的概念,一个是资金的时间价值,另一个是投资的期望报酬率。

7.3.3 公式结构问题

分析目前森林资源资产评估中的重置成本法公式:$E_n = K \cdot \sum_{i=1}^{n} C_i(1 + P)^{n-i+1}$,$C_i$ 表示第 i 年以现行工价和生产水平投入的生产成本(假设年初投入),现行的重置成本法将按照现行工价和技术材料水平重新营造同样状态的林分,每年营林成本直接进行复利然后求和,由此计算的评估值缺少一部分即合理利润。评估实务中,采用成本法所得的评估值往往低于采用其他方法所得评估值,因此,在林业评估中,重置成本法的应用较谨慎,尤其针对主伐期长的树种的幼龄林。

7.4 本章小结

(1)市场法中最主要的方法是市场价倒算法,按照市场价倒算法基本公式,需要确定的两个关键参数是木材的销售收入和木材生产经营成本。在评估实务中,收入的确定以生产量和单价为基础,单价采用的是评估基准日当地林木的市场价格;成本要素与收入要素的确定存在同样的问题,采用评估基准日的价格标准是基于"市场价值"的计算,不适用于"抵押价值"。合理利润的选择一般按照经验判断法在 12% ~16% 之间,这种方法虽然简单,但缺少科学的依据,给了评估者对价值进行操作的空间,所计算结果的科学性受到质疑。

(2)在收益法的应用中,需要确定的基本因素分别为收入、成本、折现率、收益期和林分调整系数。主要问题表现在收入、成本和折现率的确定上。收入的确定以生产量和单价为基础,评估单价采用的是评估基准日的当地林木的市场价格,成本项的测算与收入的测算思路一致,采用评估基准日市场价值标准,这种价格应用在抵押价值的计算中,存在量与价的口径不一致以及价与价值类型口径不一致的问题。折现率的确定采用经验确定法,缺少科学依据,其结果的科学性受到质疑。

(3)成本法的参数确定需要考虑货币的时间价值,复利系数的大小直接影响到评估结果。评估实务中,利率的选择与收益法采用的利率相等,即按照经验判断法取6%~14%的复利系数,这一方面使评估值受复利系数影响严重,另一方面这种确定方法不符合成本法复利系数的基本含义。另外,成本法的计算公式中,缺少合理利润的考虑。

8 三种方法在抵押价值评估中参数选择的改进思路

8.1 市场法计算抵押价值参数的改进思路及确定方法

8.1.1 市场法计算抵押价值参数的改进思路

应用市场价倒算法对近、成、过熟林抵押价值进行评估,需要结合抵押价值的三个特征,即可持续经营性、保守和谨慎以及资产未来的可变现性。在参数的选择方面,围绕未来的可持续经营和谨慎保守的评估原则确定木材收入和木材生产经营成本以及合理利润。

从理论上分析,市场法是计算市场价值最有效的方法,在森林资源资产评估中,主要采用的是市场价倒算法,即对市场售价和相关成本费用进行估计求得资产价值。本书认为,市场法可以用于森林资源资产的抵押价值计算,所不同的是,考虑未来抵押期内,资产随时变现的风险,需要对未来木材销售收入和成本费用进行预测,预测的方法和参数的选择原则与收益法应用基本类似。由于市场法主要应用于成、过熟林的价值评估,其未来变现风险相对于其他林龄较小。图 8-1 为市场法计算森林资源资产抵押价值的参数选择思路。

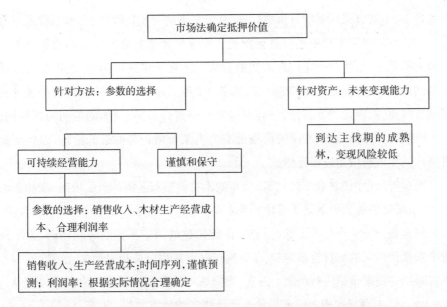

图 8 - 1 市场法计算森林资源资产抵押价值的参数选择思路

Fig 8 – 1 the routes of parameter selection for calculating the mortgage value of forest resource assets in market method

收入和成本要素在收益法和市场法的公式中都会涉及,两种方法中收入和成本除了在构成内容上有差异,其计算的基本思路是一致的,因此,以下内容一并讨论。

8.1.2 木材销售收入的确定方法

木材的销售收入为单价与产量(或蓄积量)的乘积,对未来收入预测的基础是价格水平,未来的价格水平存在一定的不确定性,如果不能有效处理不确定性,抵押资产价值在贷款期限内的科学确定也就不可能实现。在市场价倒算法的应用中,收入的计算方法与收益法基本类似,木材的销售收入 = 木材销售单价 × 蓄积量,但这里比之收益法中收入预测的简单之处在于,针对近、成、过熟林采用的市场价倒算法,林木已经成熟达到主伐期砍伐标准,不存在蓄积量预测的问题,一般直接采用资源清单或森林资源资产核查的结果既可。因此,在收入参数的确定中只需要对销售单价进行预测。

目前所采用的评估基准日的价格标准主要用于市场价值的测算,在抵押价值的计算中,不适宜采用基准日价格标准,基于未来的可出售性考虑,本书拟采用时间序列的方法对未来价格走势进行预测。在搜集评估对象当地市场的历史价格资料的基础上,采用时间序列自回归的方法对未来价格进行预测,由于在未来抵押期间内,借款方随时有违约的可能,即作为"第二还款来源"的抵押资产随时有变现的可能性,因此,采用时间序列对未来价格进行预测,预测的期间为抵押期,基于谨慎和保守的考虑,采用的价格标准为未来价格走势的最低价格,以保证抵押资产的变现价值足以归还借款。

通过查阅《中国林业统计年鉴》历年的木材价格和经济林产品价格,在林业市场中,市场价格的走势不同于房地产等不动产,基本上未受到投机性因素的影响,其价格走势处于一个稳步上涨的趋势,由此构建的属于平稳的时间序列,为了预测未来抵押期间的木材价格走势,本书通过时间序列分析拟采用多元线性回归的方式对抵押期间价格进行预测。首先,选择适当的样本观测值 Y 和解释变量 X_2,X_3,$\cdots X_k$,样本容量原则上应该尽量选择足够多的样本数据,以满足 $\rho(X) = k < n$ 的条件,但由于我国木材市场的发展情况,能够从林业统计年鉴或地方相关统计部门得到的最多为前十年的统计数据。然后建立多元线性回归的总体回归模型:$Y = X\beta + U$,选择恰当的解释变量进行参数估计,并对未来价格进行预测,预测的标准要达到"最优",即预测值与实际值的误差尽可能小,拟合程度最高。

例如,材长 4m,径级 22~28cm 白松和落叶松的前 10 年的价格数据对未来价格进行预测,过程如下:

表 8 - 2　分年份不同树种的平均单价和销售量(材长 4m,径级 22~28cm)

Tab 8 - 2　average unit prices and volume of sales for different varieties of trees in each year

(the length:4 m; the diameter:22 - 28 cm)

年份	白松		落叶松	
	单价(元/立方)	销售量(立方)	单价(元/立方)	销售量(立方)
2006	480	23109	475	196946
2007	447	19102	500	205625
2008	453	16337	368	205991
2009	557	28218	521	133268

年份	白松		落叶松	
	单价(元/立方)	销售量(立方)	单价(元/立方)	销售量(立方)
2010	650	50159	573	102331
2011	586	15556	654	23998
2012	905	37865	844	37738
2013	880	66998	819	105753
2014	836	76187	786	480538
2015	833	29636	866	458950

资料来源:《中国林业统计年鉴》

表8-3 白松价格回归F检验
Tab 8-3 F testing of regression for the price of white pine

Sum of Squares	SS	DF	MSS	F	Prob > F
Explained	2.51E+05	2	1.26E+05	42.776	0.0002815
Residual	17627	6	2937.9		
Total	2.69E+05	8	33622		

表8-4 白松价格回归结果汇总
Tab 8-4 the regression results for the price of white pine

Variable Name	Estimated Coefficient	Standard Error	t-Ratio 6 DF	Prob > |t|
Qt-Qt-1	0.0026155	0.00075	3.5036	0.01277
T	64.235	7.106	9.0395	0.0001027
CONSTANT	295.69	46.396	6.3732	0.0007011

$$P_t = 295.69 + 0.00261(Q_t - Q_{t-1})$$

$$(46.396)^{**} \quad (0.00075)^{**}$$

$$R^2 = 93446 \quad \overline{R}^2 = 0.91162 \quad F = 42$$

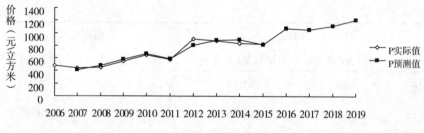

图 8 – 2　白松价格预测图

Fig 8 – 2　the prediction chart for the price of white pine

表 8 – 5　落叶松价格回归 F 检验

Tab 8 – 5　F testing of regression for the price of larch

Sum of Squares	SS	DF	MSS	F	Prob > F
Explained	1. 8023E + 005	1	1. 8023E + 005	16. 820	0. 0045661
Residual	75005.	7	10715.		
Total	2. 5523E + 005	8	31904.		

表 8 – 6　落叶松价格回归结果汇总

Tab 8 – 6　the regression results for the price of larch

Variable Name	Estimated Coefficient	Standard Error	t – Ratio 7 DF	Prob > |t|	Partial Regression
P1	0. 88665	0. 21619	4. 1012	0. 0045661	0. 70613
CONSTANT	113. 22	137. 48	0. 82352	0. 43737	0. 088327

$P_t = 113. 22 + 0. 886P_{t-1}$

$(137. 48)^{**}(0. 216)^{**}$

$R^2 = 0. 706 \quad \bar{R}^2 = 0. 664 \quad F = 16$

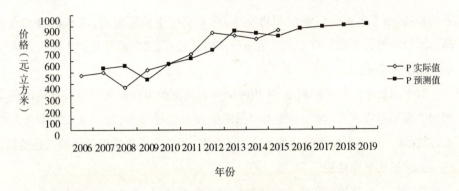

图 8 – 3 落叶松价格预测图

Fig 8 – 3 the prediction chart for the price of larch

通过以上前 10 年的价格变化趋势进行分析,10 年间木材价格基本处于平稳上升的趋势。由于观察值较少的限制,无法对未来较长期限进行预测,且目前的森林资源资产抵押贷款一般的期限为 2 ~ 5 年,因此这里进行了未来四年的价格预测,对价格预测结果的选择,本着抵押价值谨慎保守的特征,选择未来价格低点,即材长 4 米,径级 22 ~ 28cm 的白松价格为 1058 元/立方米,落叶松为 881 元/立方米。

8.1.3 木材生产经营成本的确定方法

(1)各项成本的构成

市场法中的市场价倒算法,其成本项为木材生产经营的成本,与收益法中的成本项构成不同,不包括收益法成本项中的管护成本和林地地租,其他内容相同,且预测的方法一样,以下一并讨论。

针对一般用材林,成本费用的构成主要有以下几个部分:

①木材生产经营的各项成本

木材生产经营中发生的各项成本是指主伐期木材达到采伐要求的木材从活立木采伐、挑选、集装到运输再到木材市场整个过程中所发生的各项成本费用。一般包括采、造、集装成本和运费。对北京中林资产评估有限公司多年案例进行搜集发现,不同地区同一年份所发生的木材生产成本不同,同一地区不同年份所发生的成本也不相同,从时间发展来看,采、造、集装成本和运费均是一个缓慢上升的趋势,南方由于经济条件相对发达,林木资产生长期较短,成本相对北方较高。运费的增长主要是由于交通运输条件的改善、汽油柴油价格的上涨以及人工成本的上涨造成的。

对于木材生产的各项成本,采用时间序列预测的方法对未来抵押期内的成本费用的发展趋势进行预测,本着谨慎保守的参数选择原则,取未来成本费用的高点,以保证一旦发生抵押期债务人违约的情况,资产变现价值能够足额归还借款。

②管护成本和地租

管护成本和林地地租作为每年持续发生的费用项,是收益法中重要的成本项目,不管是市场价倒算法还是收益法,其成本费用的预测方法完全一致,只是成本费用项的构成不同,除了管护成本和林地地租之外,其他成本费用在两种方法中的应用是一致的,为了避免重复论述收益法中的成本参数,在此一并给予说明。

管护成本是指林木资产定植、抚育年以后的各个年度直到主伐期,每年所固定发生的一定的防火、防病虫害等费用。从搜集到的多年林业评估案例来看,管护成本同样是一个缓慢上涨的趋势,管护成本的上涨主要是由于劳动力价格上升所造成的。地租在收益法的计算中与管护成本一样是一项固定性费用。对林地地租的统计数据显示,南方较北方高,从 2003 年到现在每亩从 5 元缓慢上涨到 2013 年的每亩 20 元以上,北方由于树木生长期长,生产效益缓慢,从 2003 年每亩 3 元左右到 2013 年的 10 元左右,地租的上涨与林地的经济效益上涨和林权体制改革中林地的交易日益活跃相关。

管护成本和地租的预测,同木材生产成本预测方法相同,本着保守谨慎原则,取未来成本费用预测的高点。

③各项税费

各项税费是指在林木生产经营过程中发生的各项相关税费,主要包括育林基金、检验检疫费和伐区设计费。

育林基金属于政府的行政性收费,是国家用于造林、护林、育林的行政开支,其征收办法是按照国家相关规定,按照采伐收入的一定百分比进行计算缴纳。目前,征收标准是以采伐销售收入的百分之十收取,不同地方可能存在地方政策支持和优惠。

伐区设计费是在林业采伐之前,根据工程勘察设计标准,为贯彻实施森林采伐限额标准,加强伐区调查设计管理在林木采伐之前所发生的林业采伐设计费用,一般是根据当地的林分质量和伐区的采伐难度,按照每立方米的一定标准收取。

总之,这些费用的缴纳方式一般依据国家相关规定按照收入的一定比例计算缴纳。但在一些地方,可能存在一定的政策优惠,总之按照收入的比例提取,属于未来不可有效预测部分,在参数选取的过程中,原则上按照历史较高比例分析选取。

④财务参数

财务参数是指在林木生产经营过程中所发生的与销售、管理等相关的期间费用。在收益法计算中一般考虑销售、管理费用、不可预见费和合理利润率。这些费用一般是按照收入的一定比例计算提取,在参数选择的过程中,通过科学分析,选择历史的较高比例。合理利润率是指木材采伐、运输、销售整个过程中的利润率,计算的方法在市场法应用中进行讨论。具体木材生长经营过程中成本的构成如表8-9所示。

表8-9 木材生长经营过程中成本构成

Tab 8-9 the cost structure during the growth and management process of forest for wood

管护费用和林地地租				木材生产经营成本			
人工费用和防病虫害、防火费	地租	采造集装成本	运费	育林基金、检疫费	伐区设计费	销售、管理费用和不可预见费	行业平均利润率(采伐成本费用利润率)

(2)各项成本的预测方法

以上各个成本项目,在进行抵押价值评估过程中,参数的选择标准可以分为两大类:第一,可以通过时间数列趋势外推的方法对未来成本费用变化趋势进行预测的项目;第二,政策等客观因素的影响,无法进行预测的项目,具体方法如表8-10所示。

表 8 – 10　各项成本的确定方法

Tab 8 – 10　the methods for determining every cost

成本项						
可通过时间序列自回归预测成本				不可预测成本		
管护费用	林地地租	采、造、集装费用	运费	育林基金、检疫费	伐区设计费	销售、管理费用和不可预见费
对当地历史数据分析,通过时间序列对抵押期成本进行预测				国家政策相关,分析林业税费国家政策,原则上取高点	地区规定,无法预测,取历史高点	按照收入一定比例计算,无法预测,原则上取历史高点

对于无法通过时间序列进行预测的成本费用项,在抵押价值评估参数的选择中,原则上选择历史高点。对于随着时间的发展不断变化并呈一定趋势的成本费用项,采用时间序列分析的方法,对未来成本费用项的走势进行预测,本着抵押价值保守谨慎的原则,选择未来成本费用预测值的高点。

对时间序列的分析预测中,在平稳性检验的基础上,选择恰当的方法对成本费用的未来走势进行预测。根据数据的特征,可以选择移动平均法、自回归模型、指数平滑法等对时间序列数据进行趋势外推。

预测的标准是达到"最优",最优就是指预测值与实际值的误差尽可能的小。假设模型 Y_t,$Y(l)$ 表示在已知观测值 Y_t,Y_{t-1},…的条件下,对 Y_{t+1} 做出预测,预测误差:$U_t(l) = Y_{t+l} - Y(l)$,满足预测误差方差最小,即 $E[U_t(l)^2] = E[Y_{t+1} - Y(l)]^2]^2 = \min$,且预测值是观测值时间序列的函数,线性相关,即 $Y(l)$ 为最优预测或最小方差预测。具体方法应用见本书最后的评估案例。

8.1.4　合理利润率的确定

通过三种思路得到木材生产经营的合理利润率:

(1)分析被评估经营主体历史财务数据确定合理利润率

如果被评估主体为既进行木材种植又进行木材采伐、运输和销售的经营企业,可以通过分析其相关的历史财务数据确定其合理的木材生产经营利润率。一般可以选择前三年的财务数据剔除非林经营部分进行平均,计算求得合理利润率。成本费用利润率=利润总额÷成本费用总额×100%,通过分析企业的损益表,成本费用为主营业务成本、主营业务税金及附加、三项期间费用之和。表8-11为某地X国有林场,主营业务为林业种植和经营,其他业务为林下种植和养殖,无营业外收支、无对外投资、不存在资产减值损失。

表8-11 某国有林场2009—2011年利润表

Tab 8-11 the profit table in a state-owned forest farm from 2009 to 2011

	2009 年	2010 年	2011 年
营业收入	279800	201110	364850
其中:主营业务收入	267590	151280	335960
其他业务收入	12210	49830	28890
营业成本	223510	110450	287410
其中:主营业务成本	208770	102270	283560
其他业务成本	14740	8180	3850
营业税金及附加	3000	6500	1050
销售费用	7000	8100	6500
管理费用	5600	8000	4100
财务费用	4180	4060	2800
营业利润	36510	64000	62990
总利润	36510	64000	62990

资料来源:本书案例收集

计算主营业务成本利润率:

2009 年:39040÷228550×100% = 17.1%

2010 年:22350÷128930×100% = 17.3%

2011 年:37950÷298010×100% = 12.7%

三年综合平均利润率:(17.1% + 17.3% + 12.7%)÷3 = 15.7%

(2)通过当地木材市场交易案例得到合理利润率

目前,我国在一些林业资源集中的地区已经建立了木材交易市场,通过林权交易中心挂牌交易等方式进行林木交易。2009 年 11 月,中国林业产权交易所在北京成立,它是经国务院批准、国家林业局同北京市人民政府共同建立的全国性的林权和森林资源交易的市场平台,定期发布林权交易信息。2010 年 10 月,中国林权交易所西南交易中心成立,2011 年 12 月,云南林权交易中心成立,为林业碳汇交易和大宗林产品提供市场交易平台。2011 年,重庆涪陵林权交易所作为我国西部地区首家区域性林权交易机构成立。通过近年来我国建立的国家范围或区域范围内的这些林权交易平台所发布的林权交易信息,对交易案例进行统计得到木材生产经营利润率。由于林权交易机构都是进行市场挂牌交易,因此,其数据能够代表一定地区的木材生产经营利润率。例如,一宗交易中,活立木成本价格为 100 万元,最终挂牌成交价格为 150 万元,由活立木进行采、集、运到销售所发生的采伐成本等合计 20 万元,则当地木材生产经营利润率为 30 万 ÷ 120 万 × 100% ＝25%。

(3)利用当地木材生产经营企业的历史财务数据剔除非林经营部分收益得到合理利润率

如果待评估资产的产权持有者不从事采伐和运输销售,即不存在采伐运输、销售的历史财务资料,或者申请抵押贷款的被评估经营主体不是国有林场或一定规模的经营主体,林木资产的产权持有者没有详细的历史财务数据,则可以选择当地与待评估主体相近的或相类似的采伐企业数据,通过数据调整计算得到,并结合林业生产特点和营林投资平均水平,以及对部分木材商、林场、林业站相关人员的访谈,通过参考三个或更多企业财务数据分析得到。

8.2 收益法计算抵押价值评估参数的改进思路及确定方法

8.2.1 收益法计算抵押价值参数的改进思路

评估方法作为实现价值类型的一种技术手段,在应用一定评估方法进行参数选择时要以实现一定的价值类型为基准。在森林资源资产抵押价值评估中,抵押价值的概念集中在"资产未来的可持续经营能力""谨慎和保守的评估原则"和

"资产未来的可变现能力"三个要点上。因此在评估参数的选择中也要围绕这三个基本点。

收益法应用的参数选择中,围绕可持续经营和保守谨慎的特征,在净收益的计算中,对未来抵押期内市场单价进行预测,剔除短期的价格波动因素;在对未来的林木市场单价预测中,本着单位价格取低的原则,采用悲观估计值;在成本费用的预测中,采用取高值的原则,这样所得到的净收益是一个保守、谨慎且在未来抵押期的任何时点都可实现的价值。在折现率的考虑中,与市场价值计算所采用的折现率不同,除了市场价值中考虑的风险因素之外,另外将资产未来的变现风险考虑进去,因此,利用收益法计算抵押价值所采用的折现率通常高于市场价值计算中的折现率,增加的幅度视资产特征和市场成熟度而定。收益法计算森林资源在资产抵押价值的参数选择思路如图8-4所示。

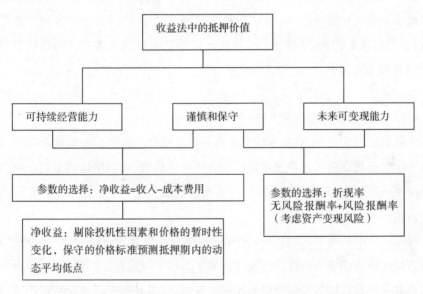

图8-4 收益法计算森林资源资产抵押价值的参数选择思路

Fig 8-4 the routes of parameters selection for calculating the mortgage value of forest resource assets in income method

8.2.2 评估参数的确定方法——收入和成本

收益法适用于中龄林的价值评估,将未来收益进行折现,其中未来收入和成本是重要的参数,其确定思路与市场价倒算法中的成本费用计思路完全一致,只是构成内容不同。

在收入的计算上,除了对未来的木材市场价格走势进行预测外,由于林木处于中龄林,尚未成熟,还需要对未来主伐期的木材蓄积量进行预测,用预测的蓄积量与预测的未来木材价格相乘得到收入。未来蓄积量的预测方法,前文已经介绍,未来木材价格的预测方法与收益法中的预测方法是相同的。

在成本费用的确定上,基本方法与市场价倒算法的成本预测方法相同,只是成本项的构成不同,在市场价倒算法中,成本项主要包括主伐期木材的各项采伐、运输成本和各项税费等,而在收益法中,除了未来主伐期将发生的木材生产经营的采伐、运输成本和各项税费等,还包括从评估基准日到未来主伐期每年发生的管护成本和林地地租。

8.2.3 评估参数的确定方法——折现率

在收益法的应用中,其基本的思想是将林木资产在未来经营期的预期净收益按照一定的折现率进行折现求现值得到资产的评估值,收益法体现了资产评估中求利逐本的思想,是利用资产在运营过程中所表现出来的收益能力来确定资产的内在价值。

收益法中的折现率,是将资产未来的预期收益折算成现值的比率,是投资者进行资产投资活动应该获得的投资收益率。其内涵应该包括两部分:一是投资者将资本存入银行或购买国债所得的无风险报酬率;二是投资者进行特定投资活动承受特定风险而带来的一定报酬。根据风险和报酬之间的关系,所承受的风险越大,报酬率越高,不同投资所承担风险不同,风险报酬也不同。

折现率是计算货币时间价值的比率,在资产评估中,折现率又称为还原利率,其实质就是投资者要求的投资报酬率。在森林资源资产评估中,由于林业资产通常生长经营期较长,一般用材林少则十年,多则上百年,经济林从产果期到衰产期,其收益期一般在 50 年以上,东部林区几种常见树种龄组划分,如表 8 - 12 所示。这种情况下,折现率的大小对于资产评估结果有着非常重要的影响,以黑桦、糠椴和柞树为例,折现率对评估值的影响,如表8-13所示。

表8-12 东北林区几种树种的龄组划分

Tab 8-12 age group division for several tree species in the northeast of China

一般用材林龄组划分标准				
树种	幼龄林	中龄林	近熟林	成熟林	过熟林
黑桦	≤30	31~50	51~60	61~80	≥81
糠椴	≤30	31~50	51~60	61~80	≥81
柞树	≤20	21~40	41~50	51~70	≥71

表8-13 收益法采用不同折现率的亩估值(单位:元/亩)

Tab 8-13 Mu valuation using different discount rate in the income method(unit:yuan\mu)

树种	基准日亩蓄积(m³)	主伐期亩蓄积(m³)	评估值(元)		
			5%	6%	7%
39年生黑桦 61年主伐期	1.32	7.97	878	679	521
34年生糠椴 61年主伐期	2.42	13.28	1423	1056	777
32年柞树 41年主伐期	2.54	8.02	1049	850	686

以上结果表明,主伐期越长,林龄距主伐期越长,折现率对评估结果影响越大。39年生的黑桦,当折现率提高百分之一,亩估值分别降低了22.7%和23.3%,34年生的糠椴,折现率提高百分之一,亩估值分别降低了25.8%和26.4%,32年生的柞树,折现率提高百分之一,亩估值只分别降低了18.97%和19.29%。以上结果为每亩估值,在森林资源资产评估中,每个林地地块,少则数十亩,多则几十上百公顷,由此可见,折现率对评估结果的影响非常重要。

8.2.4 折现率确定的主要方法及在森林资源资产评估中的应用分析

(1)加权平均资本成本法(Weighted Average Cost of Capital,WACC)

以企业资本的加权平均成本作为折现率,其基本思想是以企业资本加权平均

的成本计算折现率,计算公式如下:

$$WACC = \sum_{i=1}^{n} K_i W_i$$

WACC 为加权资本成本

K_i 为第 i 种资本来源的成本(权益资本成本或债权资本成本)

W_i 为第 i 种资本在企业所占比重[①]

对于资本组合,基本上将总的资本分解为两大类:权益资本成本和债权资本成本。这种方法适用于资本组合的方式衡量企业资本投资回报率。

加权平均资本成本法一般用于资本结构比较稳定的公司,股权结构明确的情况下衡量项目所要求达到的最低收益率,或者是项目本身的风险与企业整体资本组合和风险相接近时,用企业综合资本成本代替项目风险,当项目自身存在特殊风险而与企业风险不相同时,采用这种方法计算折现率会产生较大偏差。

分析加权平均资本成本法在森林资源资产评估中的应用的合理性可以发现两个问题:第一,林业经营主体往往不像公司制的企业一样,具有完善的财务制度体系,对经营主体各项财务数据进行完整的记录和核算,很难找到公式中的各项参数。第二,即便是大型的营林企业或国有林场,有着完善的财务记账核算制度,用企业的加权平均资本成本衡量特定林分生产经营的风险也会产生较大偏差。目前,我国单纯从事种植的林业企业非常少,所经营的事业中既包括林业经营内容也包括非林经营,由于单纯的林业经营,其利润回报率低,很多林业经营企业中非林经营部分占有很大比重,由此,加权平均资本成本法确定的折现率系数并不适用于森林资源资产评估。

(2)资本资产定价模型(Capital Assets Pricing Model,CAPM)

资本资产定价模型是由美国学者夏普(William Sharpe)、林特尔(John Lintner)等人在资产组合理论和资本市场理论的基础上发展起来的,目前广泛应用于投资决策和公司财务领域[②]。计算公式如下:

$$R_i = R_f + \beta(R_m - R_f)$$

R_i 为资产期望报酬率

---

① 荆新.财务管理学[M].北京:中国人民大学出版社,2012.
② 荆新.财务管理学[M].北京:中国人民大学出版社,2012.

R_f 为无风险报酬率

R_m 为市场投资组合期望报酬率

β 系数是系统风险系数

资本资产定价模型主要研究证券市场中资产的预期收益率与风险资产之间的关系,市场上投资项目风险报酬率为证券市场上风险溢价与被评估企业相对于整个资本市场的风险乘积。资本资产定价模型广泛地应用于企业价值评估。CAPM 模型的应用简单方便,其基本原理是,任何一项投资风险都是由系统风险和非系统风险组成,系统风险来自于整个市场,无法消除,非系统风险是某项投资或资产所特有的,可以通过多样化投资消除。

目前我国林业上市公司有:永安林业、景谷林业、吉林森工、升达林业、中福实业。表 8-14 是各林业上市公司 2012 年上半年主营业务收入的构成。

表 8-14 六大林业上市公司 2012 年上半年主营业务统计

Tab 8-14 the statistics of main business in the six major forestry listing corporation during the first half of 2012

股票代码	名称	上市时间	所属行业	主营业务范围及收入比例				
000663	永安林业	1996-12-6	制造业	林业	人造板	化工	其他	
				13.89%	74.28%	4.88%	1.12%	
600189	吉林森工	1998-10-7	林业	木材产品	人造板	林产化工	纸类	其他
				19.53%	65.43%	7.19%	0.85%	0.36%
600265	ST 景谷林业	2000-8-25	林业	林木培育采运		木材加工	林场化工	
				0.73%		52.01%	47.26%	
600354	敦煌种业	2004-1-15	农业	种子	棉花	食品加工	其他	
				32.09%	32.74%	34.34%	0.57	
002259	升达林业	2008-7-16	木材、家具	地板	纤维板	木门	柜体	其它
				57.62%	38.76%	2.02%	0.34%	0.88%
000592	中福实业	1996-3-27	木材、家具	林业		林产品加工	典当业	
				6.28%		89.67%	1.81%	

资料来源:新浪财经 2012 上半年度数据

由以上各林业上市公司主营业务构成可以看出,目前的林业上市公司中没有一家其主营业务以林业种植和采运为主,所占比例最多的永安林业也只占13.89%。这主要是由于林业资产价值量大,生产周期长,但收益率低,且无法保证现金流,所以通常林业上市公司的营林部分都不被列入上市公司。由此看来,采用 wind 咨询系统所得到的 β 系数显然不能代表林业种植、培育和采伐行业的风险系数,因此,资本资产定价模型确定折现率系数并不适用于森林资源资产评估。

(3)套利定价模型(Arbitrage Pricing Theory,APT)

套利定价模型由罗斯在 1976 年提出,实际上是资本资产定价模型的一种替代或延伸。其基本公式为[①]:

$R_i = R_f + B_{i1}K_1 + B_{i2}K_2 + B_{i3}K_3 + \cdots\cdots$

其中,R_i 为投资预期报酬率

R_f 为无风险报酬率

$K_1 K_2 K_3$ 为与风险因素 K 有关的风险溢价

$B_{i1} B_{i2} B_{i3}$ 表示第 i 项投资回报率相对于风险因素 K 的敏感度

根据套利定价模型,资产的预期收益率不仅仅受到证券市场内部风险因素影响,而是各种因素综合作用的结果,如 GDP 的增长、通货膨胀水平等。

套利定价模型的理论基础是,一项资产的价格是由不同因素驱动,将这些因素乘以该因素对资产价格影响的 β 系数,加总后,再加上无风险收益率,就可以得出该项资产的价值。虽然 APT 理论上很完美,但是由于它没有给出都是哪些因素驱动资产价格,这些因素可能数量众多,且没有量化,只能凭投资者经验自行判断选择,诸多不确定性因素影响了模型的实用性,所以在目前我国的资产评估实务中较少应用,在森林资源资产评估实务中更没有应用案例。

(4)行业平均法

行业平均法是按照行业内其他企业的项目内涵报酬率,或资产经营利润率、净资产收益率等指标作为参考标准,用计算平均值的方式得到行业的投资报酬率,再根据公司或项目自身的经营特点和风险进行调整作为被评估企业或投资项

---

① 荆新.财务管理学[M].北京:中国人民大学出版社,2012.

目的投资报酬率。

行业平均法目前较少应用于森林资源资产评估,这种方法原理简单,但在实际操作中存在很多问题,采用这种方法计算出来的数据是行业内过去的收益率水平,且所得到平均收益率往往受到很多因素的影响,待评估主体与行业平均利润率存在较大差异,其差异的调整因素并没有一套可以量化的指标体系来衡量。因此,这种方法是一种理论上简单,但在评估实务操作中尚不成熟,在森林资源资产评估中,以营林为主的企业较少,更不适宜采用这种方法确定折现率。

(5)风险累加模型(Build‐Up Model)

风险累加法的基本原理是,在企业面临的无风险报酬率的基础上,加上投资项目所面临的特有风险要求的风险报酬率[①]。计算公式如下:

折现率 = 无风险报酬率 + 项目特有的风险报酬率

公式中的无风险报酬率一般包括纯利率和通货膨胀率,无风险报酬率一般采用收益最为稳定,风险最小的国债利率或银行同期的贷款利率计算。项目特有的风险报酬率是由于投资项目自身所承担的高于国债利率的特有风险所要求的报酬率,按照高风险高收益,低风险低收益的特点,折现率与项目投资报酬率相对应。

风险累加法目前广泛应用于森林资源资产评估。其原因有二:第一,风险累加法包括了无风险报酬率和风险报酬率,是针对被评估资产本身的风险,森林资源资产作为单项资产评估,采用这种方法确定折现率,避免了被评估主体与企业整体风险相悖的问题。第二,公式结构简单,无须上市公司相关参数进行对比,不产生被评估资产与对比资产风险偏差的问题。

目前我国森林资源资产评估中折现率的确定采用了经验判断的方式,基本思想来源于风险累加法。但由于所采用的数据多依赖于评估人员的主观判断,缺乏科学性,而森林资源资产生长经营的周期性使折现率对评估值产生较大的影响,因此本书试图利用这种方法的基本思想,建立一套森林资源资产的风险指标体系来衡量风险,计算折现率。

---

① 荆新.财务管理学[M].北京:中国人民大学出版社,2012.

8.2.5　无风险报酬率的确定

无风险报酬率是没有风险的证券的投资收益率,在市场经济中并不存在完全无风险的证券,国债以国家信用为保障,其收益和偿还期限都事先确定,基本不存在违约风险,因此,被评估界普遍认同为无风险报酬率。

按照国债的偿还期限不同,国债分为定期国债和不定期国债,定期国债分为短期、中期和长期国债,短期国债是发行期限在一年以内的国债,中期国债是发行期限在一年以上,十年以下的国债,长期国债是发行期限在十年以上的国债。目前我国发行的国债有三年期、五年期、八年期、二十年期或者更长期限,一般期限越长,国债利率越高。在选择国债期限方面,有学者提出为了避免再投资风险,应与评估对象的剩余寿命相对应①。按照这种思路,三年生的速生桉树,宜采用三年期国债利率,对于主伐期较长的幼龄林,宜采用期限较长的国债利率,这种做法虽然避免了再投资风险,但同时可能产生一定的问题:国债利率是为了确定无风险报酬率,即资金投资的机会成本,而国债利率往往是一个国家的货币政策的体现,过长期限的利率可能体现一个经济周期或宏观经济政策的变动,而不再是单纯的无风险报酬率,而评估值本身是一定时期的市场价值的体现,选择国债期限太长(如30年期或50年期)容易受到经济周期波动的影响,期限太短,无法与森林资源资产生长的长周期性相适应。因此,本书认为在森林资源资产评估中,宜选择与林龄相适应的中长期国债利率的平均值。

解决了选择国债期限问题,另一个问题是对于利率计算方法的选择,根据国债利率的表示方法,有票面利率和实际到期收益率,到期收益率比票面利率更加准确地反映了国债投资的真实报酬率,避免了评估基准日与国债发行日不一致的问题,到期收益率可以计算,也可以通过查询数据公司得到,如wind资讯系统。

---

① 于磊.技术型知识产权资产评估方法研究[D].保定:河北农业大学,2008.

8.2.6 风险报酬率的确定

(1)林业风险的特征和成因

①以自然环境风险为主

森林资源资产作为生物性资产,具有自然增殖性,虽然随着经营技术的发展和进步,不断出现新的育苗技术、抚育和管护的先进方法,但林木的生长大部分仍依赖和受制于自然环境条件。我国林业所面临的自然灾害主要有冰、雪、冻灾、火灾、台风、旱灾、洪涝灾害等。

不同地区自然环境不同,适宜生长的树种也不同,如我国南方热带亚热带地区,常年温暖湿润,适宜林木生长发育,林木以阔叶林为主,生长快主伐期短;北方大小兴安岭,气候寒冷干燥,树种以耐寒抗冻针叶林为主,生长缓慢主伐期长,木材材质硬度强。

②地区的环境条件不同,林业经营的风险不同

林业经营依赖自然环境因素,不同地区所适宜生长的树种不同,不同地区环境特征不同,所面临的风险也不相同。东北林区气候干冷,容易发生火灾、旱灾、雨雪霜冻等灾害。如大小兴安岭地区、黑龙江国有林场。南方沿海地区以热带、亚热带季风气候为主,多发生台风、干旱、洪涝灾害等。如福建容易受到台风的侵袭、火灾风险较大,江西和两广地区则湿度大,洪涝灾害风险较大,森林病虫鼠害风险大。因此,不同地区呈现出明显地域特征,风险报酬率的分析也应该有不同的侧重点。

③风险发生难以有效控制,有关统计数据缺失

我国林业灾害的发生极其不规律,难以进行准确预测,且同一年的不同地区、同一地区的不同年份所发生的灾害程度也不同,且我国林区尤其是大型的国有林场,抗灾减灾能力较弱,经济实力差。尤其是东北林区,林业经营的经济效益低下,林场的经济条件差,技术落后,发生灾害时多为事后控制和管理,且对灾害的统计资料缺失,增加了风险测算和风险控制的难度。

④受到市场环境、社会环境的影响

随着集体林权制度改革的深化和国有林场改革的全面展开,市场经济和高新技术不断渗透到林业领域。在经济条件落后的时代,林业经营风险主要来自于自

然风险,随着市场的开放,市场竞争程度的加剧,林业生产经营逐渐受到市场价格波动的影响、社会环境因素的影响和经营管理程度的影响。市场环境的不确定性和价格的波动,乃至国际市场的动荡都会造成林业经营的风险,林业经营管理者的水平和管理技术、营林技术是否先进都会影响林业的生产经营。

(2)风险指标体系的构建

在对风险报酬率进行测算之前,首先需要对森林资源资产存在的风险因素进行识别,并构建一套风险指标测算体系。森林资源资产在不同的生长阶段,其风险是不同的,这需要在指标体系构建过程中充分地考虑。但由于收益法主要应用于林木资产的中龄林阶段的价值评估,因此,有学者指出,所构建的指标体系主要考虑中龄林阶段的风险因素①。

在中龄林的生长过程中,不同的地区的不同市场环境,不同的林种、树种和生产经营目标,自然环境因素等都会造成森林资源资产生产经营过程中的风险。指标体系的构建便是基于这些因素。总体来讲,将森林资源资产生产经营过程中的风险划分为六大类:一是自然灾害风险,二是社会环境风险,三是经营技术风险,四是宏观经济环境风险,五是管理风险,六是资产未来的变现风险。在六类风险的基础上,要对具体风险项目进行识别,还需要构建二级指标。

自然灾害风险包括火灾、霜雪冰冻灾害、旱灾、风灾和病虫鼠害;社会环境风险包括社会稳定有序程度、相关政策的稳定和连续性;经营技术风险包括造林失败、技术不确定性;宏观经济环境风险包括物价变动、利率变动、国家金融状况;管理风险包括组织制度和结构、管理者素质和经验;资产未来的变现风险包括活立木的市场成熟度、相关林业政策和林业税费风险。在这些二级指标风险中,自然灾害风险是最主要风险。同时需要指出的是,基于"抵押价值"评估与"市场价值"评估不同的是,在风险因素的考虑上增加了资产未来的变现风险②。风险指标体系如表8-15所示。

---

① 郑德祥.森林资源资产经营若干问题分析研究[D].北京:北京林业大学,2006.
② 曹容宁.营林项目风险评估、决策与防范体系研究[D].南京:南京林业大学,2007.

表 8 – 15 森林资源资产风险指标体系

Tab 8 – 15 the risk index system for forest resources assets

一级指标		二级指标
风险影响因素	自然灾害风险	火灾
		霜雪冰冻灾害
		旱灾
		风灾
		洪涝灾害
		病虫鼠害
	社会环境风险	社会稳定有序程度
		相关政策的稳定和连续性
	经营技术风险	造林失败
		技术不确定性
	宏观经济环境风险	物价波动
		利率变动
		国家金融状况
	管理风险	经营组织制度和结构
		管理者素质和经验
		活立木交易市场成熟度
	资产未来变现风险	相关的林业政策限制
		林业税费

（3）风险指标的定量计算

在对森林资源资产经营中存在的风险指标体系设计后，需要对这些风险因素进行估算，对其发生风险的可能性进行测算。在风险报酬率的计算中，对风险指标体系中的各个因素进行量化是风险累加法计算折现率的重点和难点，也是目前评估理论界和实务界一直在探讨的问题。

确定森林资源资产风险报酬率的具体做法是，将每种风险发生的概率进行估算然后相加，具体的计算方法有两种，根据不同的风险特点和可能得到的统计数据采用不同的方法：

①利用国家林业统计部门或地方林业部门统计资料估算风险概率

　　一些风险因素可以通过国家或地方林业统计部门的相关数据进行测算,这些风险主要是自然环境风险,包括火灾风险、病虫害风险。表 8 - 16 是 2000—2010 年我国森林火灾基本统计数据,表 8 - 17 是 2000—2010 年我国森林病、虫、鼠害发生的基本统计数据。

表 8 - 16　2000—2010 年我国森林火灾基本情况

Tab 8 - 16　the basic situation of forest fires in China from 2000 to 20108

年份	火灾次数	受灾面积 (/hm²)	森林总面积 (/hm²)	发生概率 (%)
2000 年	5934	167098	175000000	0. 95
2001 年	4933	192734. 4	175000000	0. 11
2002 年	7527	131822. 6	175000000	0. 75
2003 年	10463	1123750	158940900	0. 71
2004 年	13466	344211. 2	174909200	0. 20
2005 年	11542	290633	174909200	0. 17
2006 年	8170	562304	174909200	0. 32
2007 年	9260	125128	174909200	0. 07
2008 年	14144	184495	174909200	0. 11
2009 年	8859	213636	195452200	0. 11
2010 年	7723	116243	195452200	0. 06

数据来源:《中国林业统计年鉴》

表 8 - 17　2000—2010 年我国森林病、虫、鼠害基本情况

Tab 8 - 17　the basic situation of forest disease and insect pest,

and rat pest in China from 2000 to 2010

年份	发生面积 (/hm²)	寄主树种面积 (/hm²)	发生概率 (%)
2000 年	8518580	171577650	4. 96
2001 年	8390. 27	198163. 7	4. 23
2002 年	8412496	175779516	4. 79
2003 年	8887362	175779517	5

续表

年份	发生面积 ($/hm^2$)	寄主树种面积 ($/hm^2$)	发生概率 (%)
2004 年	9448372.4	188967448(调整后)5	
2005 年	9844202	199253185	4.94
2006 年	11006671	203459471	5.41
2007 年	12096832	212911024	5.68
2008 年	11418377	224904407	5.08
2009 年	11419714	263004264	4.34
2010 年	11642430	262808804(调整后)4.43	

数据来源:《中国林业统计年鉴》

来自中国林业统计年鉴的数据可以看出,火灾在各年间的发生概率并不稳定,病、虫、鼠害的发生概率在百分之五左右,这是全国的平均统计数据。根据不同地区的气候特征,不同地区的火灾发生概率是不同的,且病、虫、鼠害的发生概率也因地区不同和树种不同而不同,因此在实际的评估操作中,应该根据各地区的气候特点和林业资源自身特点进行调整,最直接的方法是采用当地林业部门对火灾和病、虫、鼠害的相关历史统计资料求得。

②模糊综合评判法计算风险值

在林业评估中,常遇到的难题就是缺乏相关的数据,林业经营主体经营技术落后,缺乏完整的财务数据和统计数据。除了自然灾害风险中的火灾,病、虫、鼠害风险概率利用当地林业部门统计数据得到,对指标体系中其他的风险因素发生的概率,往往难以获取官方统计数据,本研究拟构建一个指标体系,利用层次分析法(AHP)和模糊数学分析法(Fuzzy)相结合的模糊综合评判法进行测算。步骤如下:

a. 建立指标体系

一级指标分为自然灾害风险(X_1),社会环境风险(X_2),经营技术风险(X_3),宏观经济环境风险(X_4),管理风险(X_5),资产未来变现风险(X_6)。一级指标下分别设立二级指标,指标体系如表 8-18 所示。

表 8 – 18　森林资源资产经营风险指标体系

Tab 8 – 18　the risk index system of forest resources assets

一级指标		二级指标
风险影响因素	自然灾害风险(X_1)	霜雪冰冻灾害(X_{11})
		旱灾(X_{12})
		风灾(X_{13})
		洪涝灾害(X_{14})
	社会环境风险(X_2)	社会稳定有序程度(X_{21})
		相关政策的稳定和连续性(X_{22})
	经营技术风险(X_3)	造林失败(X_{31})
		技术不确定性(X_{32})
	宏观经济环境风险(X_4)	物价波动(X_{41})
		利率变动(X_{42})
		国家金融状况(X_{43})
	管理风险(X_5)	经营组织制度和结构(X_{51})
		管理者素质和经验(X_{52})
	资产未来变现风险(X_6)	活立木交易市场成熟度(X_{61})
		相关的林业政策限制(X_{62})
		林业税费(X_{63})

b. 计算指标权重

指标权重的计算是风险估计的关键,本研究采用层次分析法来测算各个指标的权重值。层次分析法是由美国运筹学家 T. L. Saaty 教授在 20 世纪 70 年代初提出的一种多准则的有效的决策工具。层次分析法将因素按照不同层次进行分类,将不同层级因素建立多层次分析结构模型,最终将系统归结为模型底层相对于高层的相对重要性的权重,通过专家咨询的方式构造判断矩阵,并进行一致性检验。

第一,构造调查表及两两判断矩阵。设计调查表,采用德尔菲法利用专家对风险因素各层次指标体系间的相互重要性进行判断,并利用层次分析法模型对因素间的相对重要程度进行判断,构造判断矩阵,每个因素给出 1 – 9 的分值反映其因素的风险程度,用倒数进行表示,判断矩阵根据专家意见结合评估人员经验确

定,判断矩阵形式如表 8 – 19 所示:

表 8 – 19 一级指标判断矩阵

Tab 8 – 19 the judgment matrix of first level index

	X_{11}	X_{12}	$\cdot$ $\cdot$	X_{ij}
X_{11}	b_{11}	b_{12}	$\cdot$ $\cdot$	b_{2n}
X_{12}	b_{21}	b_{22}	$\cdot$ $\cdot$	b_{1n}
$\cdot$ $\cdot$	$\cdot$	$\cdot$	$\cdot$	$\cdot$
X_{ij}	b_{n1}	b_{n2}	$\cdot$ $\cdot$	b_{nn}

第二,计算判断矩阵的特征向量。特征向量采用方根法计算:

$$M_i = \mathop{X}\limits_{j+1}^{n} b_{ij}, i = 1, 2, \cdots, n$$

计算 M_i 的 n 次方根并进行标准化:

$$\overline{W}_i = n \sqrt{M_i}$$

$$W_i = \frac{\overline{W}_i}{\sum\limits_{i=1}^{n} \overline{W}_i}$$

$W_i (i = 1, 2, 3, \cdots, n)$ 表示个因素重要性次序,即判断矩阵特征向量:

$$W = (W_1, W_2, \cdots, W_n) T$$

第三,一致性检验。判断矩阵的一致性采用 CR(一致性比例)判定,当 $CR <$ 0.1 时,通过一致性检验,反之,调整判断矩阵。

$$CR = \frac{CI}{RI}$$

$$CI = \frac{\lambda_{\max} - n}{n - 1}$$

$$\lambda_{\max} = \sum_{i=1}^{n} \frac{(A \cdot W)_i}{n \cdot W_i}$$

公式中,CR 为一致性比例,CI 为一致性指标,RI 为平均随即一致性指标,其值随 n 的变化而变化,可以通过查表得到,$\lambda_{\max}$ 为矩阵的最大特征值,n 为矩阵阶数,A 为判断矩阵,W 为权重向量,$(A \cdot W)_i$ 表示 A 和 W 相乘后的合成矩阵 $(A \cdot W)$ 的第 i 个元素。

c. 建立风险模糊综合评价模型

运用模糊数学基本原理和计算方法,建立风险模糊综合评价模型,首先建立模糊集和设定风险等级。

一级风险因素指标 $X = (X_1, X_2, \cdots, X_n)$,对应的权重为 $A = (a_1, a_2, \cdots, a_n)$,所有权重之和等于1。

二级指标风险因素为 $Xk = (X_{k1}, X_{k2}, \cdots, X_{kn})$,对应的权重为 $A = (a_{k1}, a_{k2}, \cdots, a_{kn})$,权重之和等于1。风险等级的设定采用专家头脑风暴法,针对森林资源资产抵押的特点,专家组需要聘请林业经营领域、气象领域、资产评估领域、经济管理领域和金融领域人员组成,至少咨询十名专家意见。

针对自然灾害风险,聘请相关的气象专家,在对风险发生的可能性进行打分时,专家通常要对当地的气候特征进行分析,查阅近年来的气象资料,对洪涝灾害、台风、霜雪冻灾等发生的可能性进行合理预测并打分。

社会环境风险方面,专家在进行打分时,要考虑社会环境是否动荡,当地民风情况,是否容易发生盗砍、滥伐等现象,还要考虑当地的相关政策是否稳定连续,是否有利于林业资源资产的长期稳定生长和经营。

经营技术风险,专家需要根据当前林况考虑,是否存在造林失败的可能性,造林失败一般在幼龄林阶段发生的可能性较大,在中龄林阶段一般较小,在此可以忽略不计。另外,相关营林技术是否成熟,树种是否适应当地气候环境等,估计营林技术对林业资产的影响程度。

宏观经济环境风险主要考虑当地的经济发达程度,利率水平、货币政策等对营林经营活动的影响。

管理风险方面,专家通常要对经营管理者的素质、经营管理的机制健全程度、组织制度等进行分析,以探究管理风险的影响。

资产变现能力风险,是抵押价值评估中需要特殊考虑的因素,在抵押期内,金融机构随时可能面临债务人违约的可能,因此,对未来活立木市场的成熟度的判断,对于资产未来的变现能力的判断尤为重要。另外,相关林业税费政策,林业的种植经营的优惠政策都会对未来资产变现产生影响。

设定模糊评语集:$V = (V_1, V_2, \cdots, V_n)$,$V_j(j = 1, 2, \cdots, n)$,表示风险的高低。

其次,设定一级风险因素指标 X 到评语集 V 的隶属矩阵并进行模糊矩阵运算。一级风险因素指标 X 到评语集 V 的隶属矩阵表示为：

$$R_k = \begin{Bmatrix} r_{11} & r_{12} & r_{1n} \\ r_{21} & r_{22} & r_{2n} \\ r_{q1} & r_{q2} & r_{qn} \end{Bmatrix}$$

其中，$r_{ij}(i=1,2,\cdots,q;j=1,2,\cdots,n)$ 表示二级风险因素指标 X_{kn} 对于第 j 级评语 Vj 的隶属度。

$$r_{ij} = \frac{v_{ij}}{\sum\limits_{j=1}^{n} v_{ij}}(j=1,2,\cdots,n)$$

最后，进行模糊矩阵运算，$B=A\cdot R$，对各二级风险因素指标 Xki 评价矩阵 Rk 作模糊矩阵运算，得到一级指标 Xk 对评语集 V 的隶属向量 B_k，$B_k = A_k \cdot R_k = (b_{k1},b_{k2},\cdots,b_{kn})$：

$$R = \begin{Bmatrix} B_1 \\ B_2 \\ B_q \end{Bmatrix} = \begin{Bmatrix} b_{11} & b_{12} & b_{1n} \\ b_{21} & b_{22} & b_{2n} \\ b_{q1} & b_{q2} & b_{qn} \end{Bmatrix}$$

对矩阵 R 进行模糊运算，得到一级指标 X 对于评语集 V 的隶属向量 B：

$$B = A \times R = (a_1,a_2,\cdots,a_p) \times \begin{matrix} B_1 \\ B_2 \\ \cdots \\ B_p \end{matrix} = (b_1,b_2,\cdots,b_n)$$

通过矩阵相乘得到模糊综合评价结果具体数值，通过以上步骤将森林资源资产抵押中的风险因素进行量化，得到具体的风险数值。

8.3　成本法计算抵押价值评估参数的改进思路及确定方法

成本法是依据马克思的劳动价值论的观点，从成本投入的角度衡量资产的价值。在森林资源资产评估实务中，由于林业资产生长经营的长期性，成本法的应用呈现出不同于其他不动产评估（如固定资产、无形资产、房地产等）的特征。成本法主要应用于幼龄林阶段的商品林价值评估,而幼龄林由于其未来经营的高风险性和不易变现性,其本身并不适于作为抵押资产,因此,这也造成了成本法确定抵押价值的不适用性,这种方法的不适用性,主要是因为资产本身的限制造成的。

8.3.1 成本法计算抵押价值参数的改进思路

根据前文分析,重置成本法目前在森林资源资产评估中的应用存在两个问题:第一,公式结构的问题,第二,参数的选择问题。

公式的结构违背了重置成本法中成本加利润计算资产价值的原则,参数的选择问题需要考虑货币时间价值的利率,这里的利率不同于收益法评估中的折现率,不是无风险报酬率加风险报酬率的概念,而是一种投资的最低机会成本,抵押价值的计算本着保守谨慎的原则,复利系数应采用无风险报酬率。在其他参数的选择方面,需要注意的是选择口径的一致,比如,营林成本采用的是评估基准日的价格标准,那么利率选择的口径应该一致。

由于重置成本法主要应用于幼龄林的价值评估,幼龄林作为抵押资产,其变现能力较之中龄林和成、过熟林要弱,未来的持续经营能力的不确定性和风险较大,因此作为抵押价值的计算,未来的变现能力是重置成本法应用的关键。

成本法理论上可以用于抵押价值的计算,但在森林资源资产抵押价值评估中,由于被评估资产自身特点和评估师可收集到的相关资料的限制,成本法一般多用于幼龄林的价值评估,幼龄林本身生产经营的风险较大,未来的变现风险比其他林龄更大,因此,幼龄林本身不适合作为抵押资产申请贷款,由此也限制了成本法在森林资源资产抵押价值评估中的应用。

8.3.2 公式结构的修正

在重置成本法的应用中,其基本的原理源自马克思主义的劳动价值论,重置成本的内涵包括生产成本和利润。按照马克思劳动价值论观点,商品价值 W = C + V + M,C + V 代表生产商品所消耗的生产资料和劳动力价格,M 代表剩余价值,生产资料和劳动力等价地转移到所生产的商品中组成了商品的成本价格。如果 K 表示商品价值中的成本价格,原来公式变成了商品价值 = K + M,剩余价值并没有消耗资本家的任何成本,而是由资本创造出来的增加额,是资本家付出资本的报酬,于是利润就成为了剩余价值的转化形式,当剩余价值转化为利润后,W = K + P(利润用 P 表示)①。即商品的价值是由商品的成本价格与利润相加总。

根据重置成本法的经济学思想,成本法的公式结构应该为:资产评估值 = 资产成本价格 + 合理利润。即资产的价值应该用成本价格与合理的利润相加求得,本研究对公式结构进行修正,如图 8 - 5 所示。

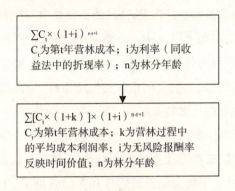

图 8 - 5　重置成本法公式结构的修正

Fig 8 - 5　the structure correction of the formula in

replacement cost method

8.3.3　参数的确定方法

(1)营林成本

重置成本法用于幼龄林林木的资产评估,对于幼龄林,其主要消耗的成本为每年所发生的抚育或管护成本。

营林成本是按照现行工价和技术材料等重新营造相同林分所耗费的每年的营林成本,这项参数通常由被评估主体或委托方提供并由评估人员进行调查验证后取得。商品林的营林过程贯穿了林分生长的整个过程,但呈现出很强的阶段性,成本支出投入较大地集中在定植后的前三年。营林过程分成三个主要阶段,即定植造林阶段、幼龄抚育阶段、管护阶段。定植造林阶段从整地、定植苗木或播

---

①　李颜娟.资产评估成本法的经济学分析[J].长春工业大学学报,2007(3).

撒种子开始,包括定植、施肥、浇水等费用支出;抚育阶段集中在定植后的两年间,主要是施肥、浇水、剪枝、病虫害防治、防火等有关费用支出;管护阶段发生在林木逐渐郁闭开始到进入工艺成熟阶段,此阶段经营期较长,蓄积量逐渐增加,投入支出以每年发生一定的管护成本为主,支出较少且稳定,以防火和防治病虫害费用支出为主。

(2)成本利润率

根据马克思的劳动价值论的观点,商品的价值是由"社会必要劳动时间"决定的,而不是由个别劳动时间决定。社会必要劳动时间是指"在现有的社会正常的生产条件下,在社会平均的劳动熟练程度和劳动强度下,制造某种使用价值所需要的劳动时间"。这里所说的现有的正常的生产条件,是指现时某一生产部门大多数产品生产已经达到的技术装备水平。商品的价值由社会必要劳动时间决定,商品的价值＝生产成本＋利润,那么,生产成本和利润两个参数也应该由社会必要劳动时间决定,因此,成本为社会必要生产成本,利润为现在社会正常的生产条件和市场条件下,在社会平均劳动熟练程度和劳动强度下,生产某种商品所能够得到的合理利润。在森林资源资产评估中,成本利润率是行业的平均成本利润率。

森林资源资产生长期较长,不同树种处于不同的地区生长经营周期不同,南方的速生丰产林桉树其轮伐期较短,一般作为工业原料林 5 年就可以砍伐,而同样的杉木、松树,在南方主伐期为 15 年左右,北方则要 40 年左右。因此,不同树种,不同地区其营林的平均成本利润率也不同。

中国林业统计年鉴有每年分不同地区的国有林场或大型营林局营林的平均成本利润率的统计资料,评估人员需要根据待评估资产所处的不同地区的行业平均成本利润率、历史统计资料和当地经济发展水平合理确定。一般可以采用前三年统计数据的平均水平。例如,以大兴安岭地区为例,表 8 - 20 为 2007—2011 年大兴安岭地区营林的平均成本利润率的统计数据,例如,评估基准日为 2011 年某日,则计算前三年行业平均利润率即 8.5%。

表 8 – 20   2007—2011 年大兴安岭地区营林的平均成本利润率

Tab 8 – 20   the average cost – profit rate of afforestation in the

region of Xingan mountain from 2007 to 201111

地区＼年度	2005 年	2006 年	2007 年	2008 年	2009 年	2010 年
大兴安岭地区	28.6	33.3	2.0	7.0	3.9	14.6
松岭	30.4	36.1	– 17.2	0.1	–	1.5
新林	64.5	56.9	48.2	33.9	16.7	15.8
塔河	21.7	27.9	35	3.1	1.4	6.1
呼中	17.5	33.5	– 31.7	2.3	5.2	18.4
阿木尔	25.8	49.4	7.8	– 3.5	0.9	1.7
图强	33.9	46.1	0.1	3.3	5.0	8.3
西林吉	46.1	44.3	3.0	8.9	5.2	166.2
十八站	33.3	21.5	38.1	3.8	2.1	0.8
韩家园	15.7	25.4	47.2	4.2	4.4	7.7

数据来源:《中国林业统计年鉴》

(3)利率

成本法中考虑货币时间价值的利率采用无风险报酬率,由于各年的营林成本所采用的是考虑了货币时间价值的评估基准日价格标准,因此,利率的选择也是包含了通货膨胀因素的当期国债利率。

成本法中利率采用的无风险报酬率确定方法与收益法折现率中的无风险报酬率的确定方法相同,即选择与抵押资产林龄相适应的国债利率的收益率的均值进行测算。

8.4   本章小结

本章主要讨论了三种方法在抵押价值评估中参数选择的改进思路及参数确定的方法。

（1）市场法中主要讨论了市场价倒算法在森林资源资产抵押价值评估中的应用。提出了运用市场价倒算法计算抵押资产价值，根据抵押价值的三个基本点，对原来市场价倒算法中参数的确定方法进行了修正，改变了市场价值中采用评估基准日的价格标准计算主伐期木材销售收入和各项采伐成本费用的思路，考虑了未来抵押期收入和成本费用的可能变化趋势，选择了谨慎保守的参数确定方法。

在木材销售收入和成本的确定方面，采用时间序列预测方法，收入和成本费用参数的选取，保证了"抵押价值"的保守谨慎的特点，得到的结果是未来抵押期内，持续稳定、可变现的价值。对合理利润率的确定提出了三种计算思路。

（2）收益法中主要讨论了收获现值法在森林资源资产抵押价值评估中的应用。提出了运用收益法计算森林资源资产抵押价值，根据抵押价值计算的三个基本点，提出主伐期收入的确定思路，即对未来抵押期间的木材价格及成本费用的走势进行预测，本着保守和谨慎的原则，确定未来抵押期间的价格、采伐成本和管护费用以及林地地租。参数选择的依据是，保证抵押资产"足额"的债务保障功能。

在折现率的确定上，目前林业评估实务中采用经验判断的方法，虽然简单方便，但缺乏一定的科学依据，造成评估结果的随意性。列示了折现率计算的几种常用方法，分析了不同方法在林业评估中的适用性，提出采用风险累积法计算林业资产的折现率，对林业风险的特征和成因进行分析，构建了林业资产的风险指标体系，在此基础上进行定量计算，与市场价值折现率不同的是，抵押价值评估的折现率考虑了抵押资产未来变现的风险。

（3）对成本法计算公式进行了修正，根据马克思的劳动价值论的观点，根据成本加利润确定资产价值的原理，在原计算公式中引入了成本利润率的概念，在计算成本和利润的基础上考虑生物性资产生长期的货币时间价值。

尽管对成本法进行了公式结构的调整和优化，但是，由于抵押资产自身的条件限制，在评估实务操作中，评估师应该尽量避免采用成本法计算林木资产的抵押价值，可以考虑分不同树种灵活地选择其他评估方法替代。例如，速生丰产林，其幼龄阶段可以选择其他方法进行估价，如桉树，两年生树种为幼龄林，三年为中龄林，到第五年便到了主伐期可以进行砍伐，这种情况的幼龄林可以考虑采用收益法对未来主伐期蓄积量和单位价格进行合理预测计算抵押价值。对于主伐期较长的一般用材林,受限于其生长规律特点,幼龄林距收益期较长,只能采用成本法,但对于那些虽属幼龄林,但距中龄林界较近的一般用材林,也可以考虑采用收益法进行评估。

9 蒙特卡洛模拟在森林资源资产抵押价值评估中的应用

9.1 蒙特卡洛模拟方法概述

9.1.1 方法简介

蒙特卡洛(Monte - Carlo)方法是一种利用重复的统计实验来求解问题的方法,它能够帮助人们从数学上表述物理、化学、工程、经济学以及环境动力学中一些非常复杂的相互作用。该方法也称作随机抽样技术或统计试验方法,属于计算数学的一个分支。它的基本思想是,为了求解数学、物理、工程技术及生产管理等方面的问题,首先建立一个概率模型或随机过程模型,使它的参数等于问题的解,然后通过对模型或过程的观察或抽样试验来计算所求参数的统计特征最后给出所求解的近似值,而解的精确度可用估计值的标准误差来表示。

用蒙特卡洛方法求解时,最简单的情况是模拟一个发生概率为 p 的随机事件 A;考虑一个随机变量 ξ,若在一次试验中事件 A 出现,则 ξ 取值为 1;若事件 A 不出现,则 ξ 取值为 0。令 $q = 1 - p$,那么随机变量 ξ 的数学期望 $E(\xi) = 1 \times p + 0 \times q = p$,这就是一次试验中事件 A 出现的概率。$\xi$ 的方差 $E(\xi - E(\xi))^2 = pq$。假设在 N 次试验中事件 A 出现 m 次,那么观察频数 m 也是一个随机变量,其数学期望 $E(m) = Np$,方差 $\delta i2(m) = Npq$[10]。

令 $\bar{p} = \dfrac{m}{N}$，表示观察频率，那么按照大数定理，当实验次数 N 充分大时，观察

得到的频率 $\bar{p} = \dfrac{m}{N} \approx E(\xi) = p$，而且该式成立的概率等于 1。因此我们得到了频率

$\bar{p} = \dfrac{m}{N}$ 近似地等于事件 A 出现的期望值。于是这说明了频率收敛于概率，而且我

们同样可以用样本的方差作为理论方差的估计值。

蒙特卡洛方法可以解决各种类型的问题，但总的来说，视其是否涉及随机过程的性质和结果，该方法处理的问题可以分为两类：

第一类是确定性的数学问题。用该方法求解这类问题的方法是，首先建立一个与所求解有关的概率模型，使所求的解就是我们所建立模型的概率分布或数学期望；然后对这个模型进行随机抽样观察，即产生随机变量，最后用其算术平均值作为所求解的近似估计值。

第二类是随机性问题。原子核物理问题、运筹学中的库存问题以及本书所研究的科学管理中的某些问题都属于这一类。对于这类问题，虽然有时可表示为多重积分或某些函数方程，进而可考虑用随机抽样方法求解，然而一般情况下都不采用这种间接模拟方法，而是采用直接模拟方法，即根据实际物理情况的概率法则，用电子计算机进行抽样实验。在实际应用中蒙特卡洛方法可以直接或间接地描述某个问题的随机过程，并设法去模拟这个过程。这种模拟过程有时候也叫作仿真过程，通过模拟或仿真过程，找出我们希望求出的某些结果或观察我们感兴趣的某种现象。

在风险分析中，该法以电脑随机抽样模拟分析项目中各个变量的可能数值和其发生的概率分布，再用随机抽取的变量值产生一组净现值或内部报酬率值，依此来确定其概率分布。该方法运用在风险决策分析中，可以随机模拟各种变量间的动态关系，解决某些具有不确定性的复杂问题。

9.1.2 蒙特卡洛方法的基本原理

1. 如某不确定性事件的估值结果 Y 与不确定性变量 $x_1, x_2, \cdots, x_n$ 等有关，如资产评估中自变量参数与估值结果的关系。假设估值结果 Y 和评估参数 $x_1, x_2, \cdots, x_n$ 有如下的函数关系：$Y = f(x_1, x_2, \cdots, x_n)$

式中,$x_1,x_2,\cdots,x_n$ 是 n 个相互独立的随机变量;我们可以利用在计算机上的一个随机数发生器通过直接或间接抽样分别产生一组符合这些分布的随机数序列 $\{x_1,x_2,\cdots,x_n\}$。

2. 将上述抽样得到的随机数序列 $\{x_1,x_2,\cdots,x_n\}$,带入函数 $Y=f\{x_1,x_2,\cdots,x_n\}$ 中,即可得出一个估值结果 Y。

3. 继续利用随机数发生器进行 N 次(一般不少于 30 次)直接或间接抽样,产生一组符合这些随机变量分布的随机数序列 $\{x_1^i,x_2^i,\cdots,x_n^i\}$ $(i=1,2,\cdots,n)$,将这 N 组随机数代入估值模型可计算得风险后果值的 Y 的 N 个随机数 $(y_1,y_2,\cdots,y_n)$。

$$\begin{cases} y_1 = f(x_1^1, x_2^1, \cdots, y_n^1) \\ y_2 = f(x_1^2, x_2^2, \cdots, y_n^2) \\ \quad\cdots\cdots \\ \quad\cdots\cdots \\ y_n = f(x_1^n, x_2^n, \cdots, y_n^n) \end{cases}$$

4. 当仿真次数 N 足够多时,即可利用这组抽样数据作为样本进行统计分析,计算出估值结果 Y 的统计特征量(均值、方差和其累计概率分布)。

5. 每一次抽样(仿真)应当是随机的、独立的,而且要求避免重复,试验的次数必须足够多,才能更确切地反映函数的分布特征。大量数字仿真计算的技术通常通过计算机进行实现。运用蒙特卡洛法的关键有两点:(1)所取的随机数是随机的;(2)所取得的随机数的分布与自变量概率分布相符合。为解决以上两个问题,一般的做法是通过计算机产生均匀分布的随机数,再经过适当地转换就可得到与自变量概率分布相符合的随机数的分布。可以说蒙特卡洛法是一种模拟技术,即通过对每一随机自变量进行抽样,代入数据模型中,确定函数值,这样独立模拟试验许多次,得到函数的一组抽样数据,由此便可以决定函数的概率分布特征,包括函数的分布曲线,以及函数的数学期望、方差、均方差等重要的分布特征。

9.1.3　蒙特卡洛方法的基本步骤

1. 对参数的不确定性进行分析:本书的研究旨在森林资源资产抵押价值的计算,影响估值结果的不确定因素既有来自营林本身特点又有来自于外部的不确定性因素影响两个方面。

2. 建立数学模型:本书的研究建立在资产评估方法体系基础之上,根据抵押资产特点,讨论市场法和收益法的应用。

3. 确定输入变量及其概率分布,本书中的不确定性变量主要来自于收入、营林成本、折现率。具体包括价格、单位面积营林成本、营林的投资收益率。除此之外的其他参数均假设为外生变量。

4. 确定变量的分布并进行随机抽样,即通过模拟试验,独立地随机抽取各输入变量的值,并使所抽取的随机数值符合既定的概率分布;确定模拟次数以满足预定的精度要求。

5. 通过随机抽取得到的随机数值,带入所建立的模型函数关系中,求出若干个输出函数的值,依此确定该输出函数的概率分布,并进行风险分析。

9.2 参数的不确定性分析

富兰克·H. 奈特早在 1921 年将不确定性引入经济学的分析当中,在其所著作的《风险、不确定性与利润》一书中,阐述了不确定性思想,并将不确定性定义为在任何一瞬间个人能够创造的那些可被意识到的可能状态之数量。学者 Nick French(2004)指出资产评估是艺术而不是科学,在资产评估受到不确定性的影响,不确定性是有概率驱动的,其程度根据市场活动的水平而有所不同,市场越活跃,输入信息的可信度就越大。French 提出了基于概率的模型,来解决资产评估的不确定性问题。

9.2.1 参数不确定性的来源

(1)内部的不确定性因素分析

①森林资源资产自身生长情况导致的不确定性

森林资源资产的生长过程结合了自然增值因素以及人为劳动创造的价值,其中自然增值因素是其作为生物性资产所特有的。有利的自然因素、立地条件和地利优势会提高林分的质量;自然环境的优势和气候优势也会有效提高林木价值;

林龄越接近于主伐期,风险越小,价值量越稳定;树高、胸径和蓄积量越大,林分质量越好,价值量越高;出材率也是影响林分质量的重要因素,出材率越高的林木,经济价值越高;在抵押贷款中,生长经营周期越长(即主伐期长)的林分,风险越大,抵押价值越不确定,反之,生长经营周期越短的(如速生丰产林),抵押风险越小。

②林业经营主体的生产经营能力导致的不确定性

森林资源的资产化管理,使人为劳动在林业生产经营过程中变得越来越重要,经营管理水平是内部不确定性的重要来源,对林分的收益水平和获利能力产生了重要影响。抵押作为抵押资产的用材林林木价值的形成受到人工投入因素的影响,其价值量的高低也由森林资源资产生产经营过程中所投入的劳动决定,人为劳动在经营管理中发挥的作用不同,将导致其产生的效益也具有很大的不确定性。生产经营能力主要体现在林业经营主体的规模,机械化利用效率,技术管理水平,研发能力等方面。在其他条件确定的情况下,生产经营成本越高,产品的价值越高,大型林场的机械化作业,抚育和管护的科学化、规范化更加有利于林分的生长,有效地提高林分生长效率和质量。

(2)外部的不确定性因素分析

①外部市场经济环境的变化导致的不确定性

在自由交易的市场环境中,各个要素都处于动态变化当中,资产评估活动为市场经济服务,在特定市场环境中发挥作用,资产评估的前提条件是将资产置于市场经济环境中,确定恰当的参数对资产进行估值。假设资产处于一种模拟的市场环境中,模拟市场环境与真实的环境存在较大的差异,真实市场环境的发展过程中,存在的所有不确定性都会对资产评估中参数的确定造成影响,进而对评估结果带来不确定性。例如,在自由的完全竞争的市场环境下,林木价格由原木市场的供给和需求决定,但在现实中,市场机制并不完善,市场价格和供需矛盾受到多种不确定性因素的影响,价格的随机变动影响收入,同时影响经营成本,最终造成森林资源资产的价值结果的不确定性。

②林业相关政策的变化导致的不确定性

政府有关林场的林业政策变更也可能带来风险,森林资源资产具有多功能性,不仅具有经济价值,还具有重要的生态和社会价值,在“十三五”规划中,经济发展新常态,对生态文明建设尤为关注,国家实施的全面禁止天然林商业性采伐政策的实施,对森林资源与木材的数量变化预测产生了更大的不确定性。现行的资源保护法律对森林资源资产的限制,主要通过行政许可的方式实现,如采伐许可限制、运输许可限制,森林、林木、林地使用权转让限制等,这些政策限制,直接影响到林木的价值实现。

③评估主体在参数选择中的不确定性

资产评估主体在参数确定中的不确定性影响主要从执业能力和职业道德两个方面分析。首先,在执业能力方面,资产评估实务中,评估人员应该利用所掌握的专业知识确定评估参数,得到估值结果。在实际中,评估人员专业胜任能力不同,在参数的选择方面存在差异,一些评估人员从事资产评估工作时间较长,具有丰富的工作经验,但缺乏较为新颖和更加科学的评估手段,有些青年评估人员,掌握更加先进的评估手段和方法,但缺少相应的实践经验。执业能力的不同,给资产评估结果带来了较大的不确定性。另外,从资产评估从业人员的职业道德水平来看,一些评估人员由于受到委托方(资产评估利益相关者)的压力而丧失独立性,例如,借款人(产权持有者)希望得到较高的估值而增加贷款额度,资产收购方希望得到较低的估值而降低收购成本。那些责任心不强,职业道德标准不高的评估人员,可能受到外界干预甚至诱惑,进而满足委托方的要求,违背职业道德,给资产评估结果带来很大的不确定性。

9.2.2　具有不确定性的重要经济参数

影响森林资源资产价值因素很多,前文已经进行了详细论述,在具体三种方法的应用上,市场法侧重于交易目的下可实现的市场价值,通常适用于成、过熟林的价值评估;收益法侧重于未来收益的基础上资产的内在价值,通常应用于中龄林和经济林的价值评估;成本法侧重于资产各项成本费用支出的角度确定资产的价值,更加适用于幼龄林的价值评估。在抵押评估实务中,幼龄林未来生长经营周期较长,更易受到内外部环境的影响,未来经营的不确定性和抵押风险较大,此处暂不考虑幼龄林抵押的案例,因此,以下蒙特卡洛模拟方法的应用主要讨论市场法和收益法。

影响市场法和收益法的不确定性因素很多,如生产经营管理水平、林业政策的限制、自然风险因素等。本书假定这些因素为外生变量,在评估方法的应用中,影响估值结果的最重要的参数是收益,无论是市场法中的市场价倒算法还是收益法中的收获现值法,对估值结果影响最大的是未来收益,以及与收益相关的风险因素,而影响收益的两大参数为未来收入和经营成本。因此,本书将主伐期林木价格、单位蓄积量生产经营成本和森林资源资产投资利润率作为可变参数(即内生变量),其他参数作为控制变量(即外生变量)。

9.3　考虑参数不确定性的评估模型

根据第六章对三种评估方法在森林资源资产抵押价值评估中的适用性分析,以及前文对参数的不确定分析,评估方法中各个参数均受到不确定因素的影响,这使得评估结果不应该是一个点,而应该是一个有一定概率保证的最可能实现的价值区间,考虑不确定因素给评估结果带来的影响,更加符合客观实际情况,评估结果更加科学。为了研究问题的方便,本书设定了对评估结果影响幅度最大的参数为内生变量,其他参数假定为外生变量。

9.3.1　市场法

根据前述市场法在森林资源资产抵押价值评估中的适用性分析,应用于成、过熟林木的价值评估的方法为市场价倒算法,假定主伐期收入受到林木价格的影响随机变动,将市场价倒算法中的内生变量期望值加入到模型中,得出以下改进的模型:

$$E_n = E(P)Q - C - F$$

其中,$E(P)$指木材销售价格的数学期望,Q为蓄积量,C为木材经营成本(包括采运成本、销售费用、管理费用、财务费用及有关税费),F为木材经营合理利润。

以上模型建立在两个假设前提下:一是主伐期的林木蓄积量、木材经营成本和合理利润是确定值,影响其价值的不确定性因素不予考虑;二是主伐期林木的价格是随机变量,并可以用一个概率来描述其分布特征。

从上述模型中可以看出,影响未来收入最主要的因素为木材的价格指数,根据本书对《中国林业统计年鉴》原木市场的价格指数统计发现,不同木材市场价格指数随机波动,不确定的原木价格指数会对评估结果造成不确定性影响,但传统市场价倒算法假定价格为确定值,无法处理这种随机变化因素,所得到的估值结果为点估计。基于概率分布和不确定性因素分析的模型改进,由于考虑了价格的随机波动,所得到的评估结果为一个由一定概率保证的最可能实现的区间估计,评估结果更加科学合理。

9.3.2 收益法

根据前述收益法在森林资源资产抵押价值评估中的适用性分析,收获现值法主要应用于中龄林林木的价值评估,假定未来主伐期收入受到林木价格的影响随机变动,木材生产经营成本受到单位面积投入成本的影响,投资收益率受森林资源资产生产经营风险的影响,将收获现值法中的内生变量期望值加入到模型中,得出以下改进的模型:

$$
E_u = K \times \frac{(E(P)Q - C - F) + D_a(1 + P)^{u-a} + D_b(1 + P)^{u-b} + \cdots}{(1 + E(P))^{u-n}}
$$

$$
- \sum_{i=n}^{u} \frac{E(C_i)}{(1 + E(p))^{i-n+1}}
$$

其中,K 为林分质量调整系数,$E(P)$ 为标准林分 U 年主伐时的销售单价,Q 为蓄积量,C 为木材销售的采运成本、销售费用、管理费用、财务费用、有关税费,F 为木材经营的合理利润,D_a、D_b 为标准林分第 a、b 年的间伐纯收入,$E(C_i)$ 为第 i 年的营林生产成本数学期望,$E(P)$ 为投资收益率的数学期望。

以上模型建立在以下前提假设下:一是标准林分主伐期的林木蓄积量、木材经营成本和合理利润是确定值,影响其不确定的因素不予考虑;二是标准林分主伐期林木的价格、单位面积营林生产成本、期望投资收益率为随机变量,随机变量受不确定性因素的影响,并可以用一个概率来描述其分布特征。

上述模型中可以看出,受不确定性因素影响的变量为标准林分主伐期的林木单价、营林生产成本以及期望投资收益率。根据从《中国林业统计年鉴》获取的数据发现,不同木材市场价格指数随机波动,根据分县造林面积和造林投入的统计数据发现,不同年份的单位造林成本存在较大差异,不同年份的林业生产经营风险也不同,这些随机变量最终会影响评估结果。但传统的收获现值法计算公式无法处理这种随机变化因素,在假定各个变量为确定值的基础上计算出一个估值结果。而基于概率分布和不确定性因素分析的模型改进,考虑了未来抵押期间价格的随机波动,单位造林成本的变化、风险等不确定性因素,所得到的评估结果为一个最可能实现的区间估计,评估结果更加符合实际情况。

9.4　变量的概率分布估计

随机变量的概率分布可以采用主观概率估计方法和客观概率估计方法来确定。主观概率估计法是依据原有的理论知识和工作经验,聘请专家出具专业意见,如"专家调查法""德尔菲法"等,这种方法具有一定的科学性,对每个专家的估计结果赋予不同的权重,对结果进行汇总分析,然后对专家意见进行反馈,重复多次进行,直到最终结果达到稳定状态。主观概率估计法需要较为丰富的历史数据,由专家进行操作。这种方法建立在专家的主观估计的基础上,不同专家可能出具不同意见,因此具有一定的主观性。

客观概率估计方法是利用真实的历史或现实数据来模拟随机变量的概率分布,这种方法能够将随机变量的分布真实地反映出来,本书采用了这种方法,这种方法应用的前提条件是需要获取足够多的能够表达变量概率分布的历史数据。变量的概率分布具体分为以下三种:

(1)均匀分布

在一定范围内,每个值出现的概率都是相等的,这样的分布叫作均匀分布。在参数信息较为短缺时,对取值的可能性难以确认,但可以判断参数的最大值和最小值,考虑采用均匀分布。均匀分布需要具备三个重要条件:最大值;最小值;在这个范围内所有数出现的概率是相同的。均匀分布的期望为$\frac{(a+b)}{2}$,方差为$\frac{(a+b)^2}{12}$对于区间$[a,b]$上的均匀分布,其密度函数为(公式9.1),分布函数为(公式9.2)。在收益法运用中,对于折现率的概率分布,可以考虑采用均匀分布。

密度函数为:

$$f(x) = \frac{1}{b-a}(a \leqslant x \leqslant b) \qquad (公式9.1)$$

其分布函数为:

$$F(x) = \begin{cases} 0 & x < a \\ \dfrac{x-a}{x-b} & a \leqslant x \leqslant b \\ 1 & x > b \end{cases} \qquad (公式9.2)$$

(2)三角分布

三角分布是一种涵盖了最大值(低限 a)、最小值(上限 b)和最可能值(众数 c)的连续分布,是一种很实用且功能很强大的参数分布类型,具有很强的灵活性,利用最大值、最小值和最可能值可以将现实中复杂状况模拟出来(三角分布的概率密度函数见公式9.3,分布函数见公式9.4)。根据最可能值 c 和最大值最小值的平均值之间的位置关系,三角形分布的概率密度函数又可分为对称、左偏、右偏三种情况。三角分布的期望为$\dfrac{(a+b+c)}{3}$,方差为$\dfrac{(a^2+b^2+c^2-ab-ac-bc)}{18}$。

密度函数为:

$$f(x) \begin{cases} \dfrac{2(x-a)}{(b-a)(c-a)} & a \leqslant x \leqslant c \\ \dfrac{2(b-x)}{(b-a)(b-c)} & c \leqslant x \leqslant b \\ 0 & <a \text{ 或 } x \geqslant b \end{cases} \qquad (公式9.3)$$

分布函数为:

$$F(x) \begin{cases} 0 & x < a \\ \dfrac{(x-a)^2}{(b-a)(c-a)} & a \leqslant x \leqslant c \\ 1 - \dfrac{(b-x)^2}{(b-a)(b-c)} & c < x \leqslant b \end{cases} \qquad (公式9.4)$$

(3)正态分布

正态分布又叫高斯分布,具有对称性的特点,在统计学中占有十分重要的地位,该分布的特点是以均值 μ 为中心,左右对称,图像是关于 μ 对称的钟形曲线。正态分布的形状由两个重要的参数决定:均值 μ 和方差 σ^2。μ、σ^2 不同,正态分布曲线的形状就不同。在市场信息充分的情况下,评估人员可以获得更多变量的信息,如果参数的估计值在任意区间内变化,均值出现的可能性相等,则可考虑用正态分布来对该参数进行拟合。正态分布的密度函数见公式9.5。

$$f(x) = \frac{e^{-(x-\mu)^2/2\sigma^2}}{\sqrt{2\pi\sigma^2}} \qquad -\infty < x < \infty \qquad (公式9.5)$$

9.5 随机抽样

在对各个内生变量确定概率分布的基础上,接下来需要对参数进行随机抽样,这是蒙特卡洛模拟实现的关键一步。在一个已知分布中所抽取的子样本被称为随机数序列,这些序列在统计学上被称为伪随机数,每一个个体称为随机数,随机数是实现蒙特卡洛模拟的基本工具。目前,最常用的产生随机数的方法是计算机的方法,很多软件都具备对常用分布的随机抽样功能,它们可以帮助我们在短时间内产生大量的随机数,模拟市场的随机取值。此时,需要解决的两个关键问题,一是如何生成随机数,二是如何对不同变量概率分布进行抽样。

在连续性分布函数中,[0,1]均匀分布函数是最简单的一种,蒙特卡洛方法通常首先产生大量均匀分布的随机数,然后用随机抽样的方法将产生的均匀分布随机数转换为具有一定分布的随机数。均匀分布[0,1]随机数是生成其他分布的基础。以正态分布为例,服从正态分布随机数的产生通常采用函数变换法,根据标准正态分布的概率密度函数 $f(x) = \frac{1}{\sqrt{2\pi}}e^{-\frac{x^2}{2}}$。假设 R_1,R_2 是相互独立且满足[0,1]区间的均匀分布,则产生随机数变量 $\varepsilon_1\varepsilon_2$。$\varepsilon_1 = (-2\ln R_1)^{\frac{1}{2}}\cos2\pi R_2$,$\varepsilon_2 = (-2\ln R_1)^{\frac{1}{2}}\sin2\pi R_2$。若变量为非标准正态分布 $N(\mu,\delta^2)$,一般先产生标准正态分布随机变量 X,再利用变换 $Y = (\mu + \delta X)$ 获得非标准正态分布随机变量。服从三角分布随机变量通常采用逆变换法产生。首先,根据随机变量 X 概率分布函数 $F(x)$,当 $0 < F(x) < 1$ 时,置 $F(x) = R$ 的逆函数 $X = G(R)$,然后,产生一系列(0,1)区间均匀分布随机数 $r^1, r^2, \cdots$,最后按 $xi = G(r_i)$ 计算出一系列随机数 $x^1, x^2, \cdots$,即为随机变量的样本观测值。

9.6 模拟次数的确定

在对参数的不确定性概率分布讨论及由此产生的随机数的基础上,接下来需要确定的是模拟次数,模拟次数的不同直接影响到模拟结果的准确性。模拟次数太少,模拟结果越不具有代表性,评估结果不准确;模拟次数越多,参数的分布就越接近于实际,评估结果越准确。但在评估实务中,过多的模拟次数没有必要且会增加模拟的工作量。相关研究表明,当模拟次数达到一定数量后,模拟次数的多少对评估结果产生的差异几乎可以忽略①。本书后续的案例验证采用了模拟10万次的结果。

9.7 模拟结果

确定了参数概率分布及模拟次数后,通过计算机技术对概率分布的随机序列进行抽取,将抽取的随机变量插入模型中,可以得到评估值的模拟结果,通过对这些模拟结果的统计分析,得到最终的估值结果,统计分析的方法一般利用期望值和直方图。期望值由均值来代替,它是由所有可能出现结果与其概率值的加权平均值得到。直方图是对各种可能结果的频数的概率描述,通过直方图可以近似地描述出资产价值的概率分布,进而计算出评估结果的累计概率分布值。由于变量是在一定的概率分布下随机得出的,即使是同样的基础数据和同样的模型,每次运行的结果都会有一定的差别,也就是说运用蒙特卡洛模拟得出的评估值并不是唯一的,而是表现为一定的估值区间。

---

① 郭强,伍青. 蒙特卡洛模拟在收益法评估中的运用[J]. 中国资产评估,2005(11).

9.8 本章小结

(1)传统的资产评估方法所得到的估值结果通常表现为一个价值点,即点估计,但在评估实务中,资产评估方法的应用需要确定多个参数,大部分参数具有不确定性,参数的随机波动,影响到估值结果,蒙特卡洛模拟通过建立概率模型,利用重复实验的方法来求解不确定性问题,所得到的估值结果为在一定概率保证程度下的区间估计。

(2)对资产评估参数的不确定性进行讨论,森林资源资产抵押价值评估中,来自内部的不确定性因素主要有:林业资产自身生长情况,以及林业经营主体的生产经营能力不同所导致的不确定性;外部的不确定性因素主要有:市场经济环境的变化、林业相关政策的变化,以及评估主体在参数的选择中的随意性导致的不确定性。

(3)本章主要讨论了蒙特卡洛模拟在市场法和收益法模型中的应用,影响市场法和收益法的不确定性因素很多,在估值模型的建立中,无论是市场法中的市场价倒算法还是收益法中的收获现值法,对估值结果影响最大的是未来收益,以及与收益相关的风险因素。因此,本文将主伐期林木价格、单位蓄积量生产经营成本和森林资源资产投资利润率作为可变参数(即内生变量),其他参数作为控制变量(即外生变量)。

(4)在讨论了参数的不确定性基础上,建立了考虑参数不确定性的估值模型,并对内生变量的概率分布进行了讨论,在此基础上确定模拟次数并进行随机抽样,最终得到估值结果。

10 成熟林抵押价值评估
——市场价倒算法应用案例

10.1 项目概况

10.1.1 案例背景资料

(1)委托方、产权持有者

委托方:JC 县人民政府财政局。

产权持有者:JC 县人民政府林业局,为机关法人单位。

(2)经济行为

2015 年 4 月,JC 县林业局拟用其所属的 423 亩软阔叶树向银行申请抵押贷款,借款期限 3 年,并委托北京 ZL 资产评估有限公司对抵押资产进行评估。

10.1.2 评估要素

(1)评估目的

JC 县林业局拟用其所属的 423 亩软阔叶树向银行申请抵押贷款,北京 ZL 资产评估有限公司接受委托,为林木资产的抵押提供价值参考依据。

(2)评估基准日

本着委托方的经济行为需要和有利于评估结果有效服务于评估目的的原则,与委托方协商后双方同意,本项目资产评估基准日定为 2015 年 4 月 12 日。

（3）评估对象和范围

本次评估对象为 JC 县林业局所属的 423 亩软阔叶树林木所有权资产。评估范围为 JC 县林业局所属的位于云南省 JC 县 GQ 乡某林场内面积约 423 亩商品用材林林木资产，涉及的主要树种为软阔叶树种，林木的起测蓄积为 5220 立方米。

（4）委估资产的基本情况

JC 县位于云南省南部、地处东经 100°14′～102°19′、北纬 22°20′～22°56′，总面积 3428.74 平方公里，全县总人口 11.87 万人，县内居住着 24 个民族，是以哈尼族、彝族为自治民族的多种民族聚居的自治县，哈尼族、彝族为主的少数民族人口占人口总数 81.32%。

JC 县属于无量山山系，处横断山纵谷区的南端，地势西北高东南低；最高海拔 2207 米，坐落在康平乡大树脚村的狮子岩大山，最低点在曲水乡高山村的李仙江出境处，海拔 317 米，相对高差 1890 米。由于 JC 县地处北回归线以南，属低纬山区季风亚热带湿润气候，具有冬少夏短、春秋季长、霜期较短、降雨集中的特点，年降水量为 2260 毫米，是云南省三个多雨县之一。

JC 县交通便利，距昆明 520km，距普洱 145km，除公路外，还有昆明至普洱的空中航线。全县 7 个乡镇均有班车通达，基本形成以县城为中心四通八达的公路交通网。

GQ 乡位于 JC 县的东北部，距县城 8 公里，林业用地面积 35406.0 公顷，占土地总面积的 79%，森林覆盖率 62.2%；GQ 乡辖 6 个村民委员会、105 个村民小组、303 户居民，总人口 13642 人；全乡农民人均纯收入 1070 元人民币，属于经济欠发达乡镇。

（5）价值类型

参照评估有关的法规，遵循客观、独立、公正和科学的原则及其他一般的公认评估原则，对评估范围内的资产进行了必要的核查与鉴定，查阅了有关文件及资料，实施了必要的评估程序，在此基础上，根据评估目的及资产状况，确定资产评估的价值类型为抵押价值。

抵押价值的内涵：抵押价值是考虑到资产的未来可持续性和当地的市场条件、资产的特征和用途，对资产未来的可出售性进行谨慎地评估的结果。

（6）评估方法

本次评估的评估目的是为抵押贷款提供价值参考依据,考虑到本次的评估目的、评估对象的具体情况,以及当地林业经营的特点,在本次评定估算时,待评估资产为60年林龄的软阔叶树,已经到了主伐期并可以进行采伐和市场销售,因此,选择市场价倒算法进行估价。即假设被评估森林资源资产皆伐后所得木材的总销售收入,扣除木材经营所消耗的成本费用及合理利润后,剩余的部分作为林木资产评估值。其计算公式为:

$$E_n = W - C - F$$

E_n——评估值;

W——销售总收入;

C——木材经营成本,具体包括育林基金、采造集装成本、运费、检疫费等项目;

F——木材生产经营的合理利润。

10.2 传统市场价倒算法计算市场价值

10.2.1 评估过程

评估过程分成两个阶段:资产核查阶段和评估估算阶段。

资产核查阶段:在对委托方提供的林权证进行真实性、合法性进行查证的基础上,ZL资产评估有限公司的评估人员在委托方与产权持有者之委派代表相关技术人员的协助下,于2015年4月10日至20日依据委托方提供的资源资产清单和公司工作方案,对评估对象进行现场实地核查。经实地核实,核查单元的合格率超过要求合格率90%的要求。委托方提供的森林资源资产清单合格,可以作为森林资源资产评估的依据。

评定估算阶段:选取计算方法,选择评估参数,测算评估结果,提交评估报告。

10.2.2 参数选择和计算过程

若按照传统算法计算市场价值,参数选取和计算过程如下:

（1）资源数据

资源数据见表10-1和表10-2。

表 10-1 小班因子表
Tab 10-1 The factor table for the subcompartment

小班有林地面积（hm²）	树种	林种	可及度	运距（km）	林组	林龄	龄级	平均胸径（cm）	平均树高（m）	公顷蓄积（m³）	公顷株数	小班株数	小班蓄积 m³	平均运距	地位级
28.2	杨木	一般用材林	将可及	10	成熟林	60	Ⅵ	24	17	185	506	13269	5220	38	Ⅳ

表 10-2 龄组划分（南方，人工林）
Tab 10-2 Age group division（south，artificial forest）

树种	龄组					
	起源	幼龄林	中龄林	近熟林	成熟林	过熟林
软阔	人工	≤5	6~10	11~15	16~25	≥26

表 10-3 栎类出材率表
Tab 10-3 The table for the rate of Quercus timber-produced

胸径（cm）	原木	纤维材
20	55.00%	35.00%
21	55.25%	34.50%
22	55.50%	34.00%
23	55.75%	33.50%
24	56.00%	33.00%
25	56.25%	32.50%
26	56.50%	32.00%
27	56.75%	31.50%
28	57.00%	31.00%
29	56.75%	30.75%
30	56.50%	30.50%

待评估林分平均胸径24,原木出材率选56%,见表10-3。当地经济欠发达,不考虑纤维材出材率。

(2)参数的确定

①木材价格标准,根据评估人员在当地木材市场进行询价,材长4米,胸径22~28cm左右的2015年评估基准日杨木的木材销售价格标准为499元/立方米。

②根据当地调查的实际情况,木材销售时所发生的成本费用主要包括采运成本、销售费用、管理费用、财务费用、有关税费等。其中:采运成本包括采伐、造材、集材、装运。费用包括育林基金、检疫费、伐区设计费、销售费用、管理费用、财务费用。其他包括不可预见费、林木未来生产经营合理利润。

据当地调查,采造集装成本在评估基准日的价格标准为105元/立方米,运费价格标准为1.5元/立方米·公里。

③育林基金和检验检疫费用根据我国林业相关政策规定执行,育林基金是按照木材销售收入的一定比例采用目前的10%基准征收,检验检疫费用是按照木材销售收入总值的比例征收,征收标准为1.2‰。伐区设计费一般根据当地木材的生产经营条件征收,本地区在评估基准日的征收标准为15元/立方米。

④销售费用、管理费用、不可预见费用是营林企业按照收入的一定百分比计算的,不同企业和不同地区可能会有差异,当地标准为木材销售收入的5%。

⑤木材销售的合理利润率通常按照成本利润率计算,该林业经营主体主要进行营林生产工作,不进行采伐作业,搜集邻县其他三个林业生产经营主体,其平均成本费用利润率为16%。鉴于JC县人口较少,经济来源主要来源于务农和林业种植收入,人均收入占全省平均的60%,是邻县(参照林业生产企业所在县)的80%,人力资源成本较低,属云南省经济欠发达地区,根据具体情况分析,合理利润率取13%。

10.2.3 计算结果

根据以上评估参数的确定,采用市场价倒算法计算估值结果如下:

木材销售收入 = 5220 × 499 × 56% = 1458676.8

木材采伐成本 = 育林基金 + 采造集装 + 运费 + 伐区设计费 + 检疫费 + 管理
              销售、不可预见费

$$= 105 \times 5220 \times 56\% + 1.5 \times 5220 \times 56\% \times 38 + 10\% \times$$
$$1458676.8 + 0.12\% \times 1458676.8 + 15 \times 5220 \times 56\% + 5\%$$
$$\times 1458676.8$$
$$= 575720.72$$

木材经营利润 $= 575720.72 \times 13\% = 74843.69$

$$E_n = W - C - F$$
$$= 1458676.8 - 575720.72 - 74843.69$$
$$= 808112.39$$

10.3　改进的市场价倒算法计算抵押价值

10.3.1　参数的确定

（1）木材销售收入

当地杨木的历史平均单位价格和销售量统计，见表 10 - 4（材长 4 米，胸径 22～28cm）。

表 10 - 4　杨木价格统计表　单位：（元/立方米）

Tab 10 - 4　The statistical table for the price of poplar wood unit：（yuan/cube）

年份	2006	2007	2008	2009	2010	2011	2012	2013	2014	2015
杨木平均单价	339	418	364	366	491	569	667	591	509	499

数据来源：中国林业信息网和林场财务数据

本案例未找到相关销售量的数据，因此不宜进行回归分析，根据时间序列进行价格预测，可以采用趋势外推法计算未来抵押期间杨木的价格走势。由于待评估林分是已经达到主伐期的成熟林，蓄积量不会产生大的变化，只需要对未来抵押期林木单价进行预测即可，本案例由于收集数据的限制，采用移动平均法预测未来杨木价格变化。

（2）木材采伐运输相关成本费用

根据当地调查的实际情况，木材销售时所发生的成本费用主要包括采运成本、销售费用、管理费用、财务费用、有关税费及其他等。其中,采运成本包括采伐、造材、集材、装运。相关费用包括育林基金、检疫费、伐区设计费、销售费用、管理费用、财务费用。其他包括不可预见费、林木未来生产经营合理利润。

①采造集装成本和运费

表 10 – 5　当地阔叶类采造集装成本和运费

Tab 10 – 5　The local cost for logging,gathering and transportation of the broadleaf

年份	采造集装费用 （元/立方米）	运费 （元/立方米·公里）
2006	40	0.4
2007	50	0.5
2008	50	0.5
2009	55	0.5
2010	65	0.6
2011	70	0.8
2012	75	0.8
2013	80	0.9
2014	90	1.2
2015	105	1.5

数据来源:案例调研数据

采造集装成本指宗地内进行修林道、采伐、造材、集材、装车等项费用的合计,一般按照每立方米商品材分摊的数额计算,当地阔叶类林木采造集装成本和运费标准如表 10 – 5 所示。

表 10 – 6　采造集装费用回归 F 检验

Tab 10 – 6　F testing of regression for the cost of logging and gathering

Sum of Squares	SS	DF	MSS	F	Prob > F
Explained	3534.5	1	3534.5	225.39	3.8276E – 007
Residual	125.45	8	15.682		
Total	3660.0	9	406.67		

表 10 - 7　采造集装费用回归结果汇总

Tab 10 - 7　The regression results for the cost of logging and gathering

Variable Name	Estimated Coefficient	Standard Error	t - Ratio 8 DF	Prob > |t|	Partial Regression
T	6. 5455	0. 43598	15. 013	3. 8276E - 007	0. 96572
CONSTANT	32. 000	2. 7052	11. 829	2. 3915E - 006	0. 94592

采造集装费用 $= 32 + 6.546T$

$$(2.7^{**})(0.436^{**})$$

$$R^2 = 0.966 \quad \bar{R}^2 = 0.961 \quad F = 225$$

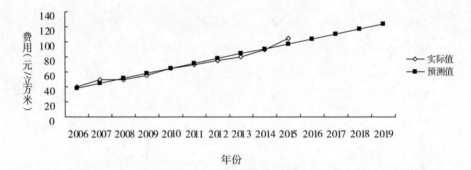

图 10 - 1　采造集装费用预测图

Fig 10 - 1　The prediction chart of for the cost of logging and gathering

表 10 - 8　运费回归 F 检验

Tab 10 - 8　F testing of regression for transportation cost

Sum of Squares	SS	DF	MSS	F	Prob > F
Explained	0. 98182	1	0. 98182	95. 575	1. 0048E - 005
Residual	0. 082182	8	0. 010273		
Total	1. 0640	9	0. 11822		

表 10 - 9 运费回归结果汇总

Tab 10 - 9 The regression results of transportation cost

Variable Name	Estimated Coefficient	Standard Error	t - Ratio 8 DF	Prob > |t|	Partial Regression
T	0.10909	0.011159	9.7763	1.0048E - 005	0.92276
CONSTANT	0.36000	0.069238	5.1994	0.00082297	0.77165

运费 = 0.36 + 0.109T

$$(0.069^{**})(0.011^{**})$$

$$R^2 = 0.923 \qquad \overline{R^2} = 0.913 \qquad F = 95$$

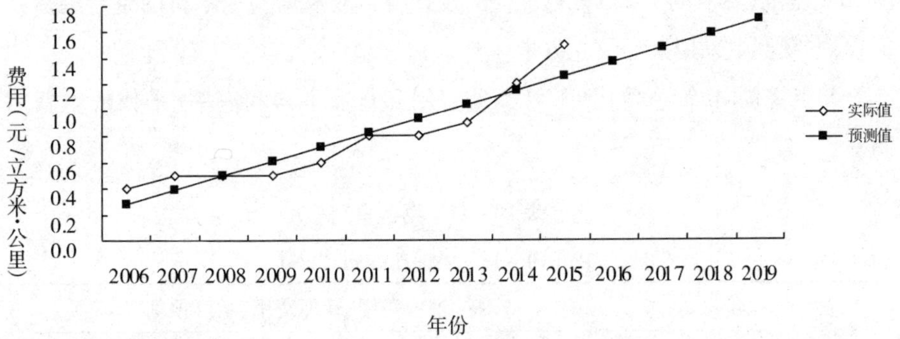

图 10 - 2 运费预测图

Fig 10 - 2 The prediction chart of transportation cost

通过以上对时间序列的预测,按照书中计算抵押价值参数选择的思路,价格取未来单价走势的低点,成本费用项取未来走势的高点,即木材价格取 513 元/立方米,采造集装费用取 124 元/立方米,运费取 1.9 元/立方米·公里。

②育林基金、检疫费和伐区设计费

表 10 - 10 育林基金、检疫费和伐区设计费

Tab10 - 10 The fund for cultivating forest, the quarantine fees and the
design fee for cutting area

年份	育林基金(%)	检疫费(‰)	伐区设计(元/立方米)
2011 年	21	1.2	3

续表

年份	育林基金(%)	检疫费(‰)	伐区设计(元/立方米)
2012 年	21	1.2	2
2013 年	10	1.2	7
2014 年	10	1.2	15
2015 年	10	1.2	15

数据来源:案例调研数据

育林基金和检验检疫费用根据我国林业相关政策规定执行,如表 10 - 10 所示,未来政策发展趋势为不可控因素,本着谨慎的原则,本案例育林基金采用目前的 10% 基准,总值的 1.2‰ 计算。伐区设计费一般根据当地木材的生产经营条件征收,本案例中采用 15 元/立方米。

③销售费用、管理费用、不可预见费用和行业平均利润率(采伐成本费用利润率)

表 10 – 11　财务费用

Tab 10 – 11　The financial cost

年份	销售费用、管理费用、不可预见费(%)
2009 年	3
2010 年	3
2011 年	3
2012 年	3
2013 年	5
2014 年	5
2015 年	5

数据来源:案例调研数据

销售费用、管理费用、不可预见费用是营林企业按照一定收入的一定百分比计算的,如表 10 - 11 所示,不同企业和不同地区可能会有差异,此部分并不随着时间的发展而发生必然变化,因此不可通过时间序列进行预测,在案例中本着保守和谨慎的原则,取历史统计数据的高点即 5% 。

（3）木材生产经营合理利润率

根据评估需要,搜集邻县其他三个林业生产经营主体,其平均成本费用利润率为16%,JC县人口较少,经济主要来源于务农和林业种植收入,人均收入占全省平均的60%,是邻县（参照林业生产企业所在县）的80%,人力资源成本较低,属云南省经济欠发达地区,根据具体情况分析,合理利润率取13%。

10.3.2 计算结果

木材销售收入 $= 5220 \times 513 \times 56\% = 1499601.6$

木材采伐成本 = 育林基金 + 采造集装 + 运费 + 伐区设计费 + 检疫费 + 管理销售、不可预见费

$$= 124 \times 5220 \times 56\% + 1.9 \times 5220 \times 56\% \times 38 + 10\% \times 1499601.6 + 0.12\% \times 1499601.6 + 15 \times 5220 \times 56\% + 5\% \times 1499601.6$$

$$= 844119.6$$

木材经营利润 $= 844119.6 \times 13\% = 109735.55$

$$E_n = W - C - F$$

$$= 1499601.6 - 844119.6 - 109735.55$$

$$= 545746.45$$

10.4 蒙特卡洛模拟方法计算抵押价值

10.4.1 数据的描述统计分析

本研究使用了 Wind 数据库中 2014 年 7 月 1 日到 2017 年 4 月 6 日的中国国产原木（CTI）,大西南木材市场原木（DTI）价格指数的日度数据,该数据均以 2010 年 6 月为基期。蒙特卡洛模拟首先输入变量及其随机分布,因此,本研究对其价格的时间变化趋势进行了描述。图 10 – 3 为中国国产原木（CTI）,大西南木材市场（DTI）从 2014 年 7 月 1 日到 2017 年 4 月 6 日价格指数的变化趋势,如图所示,

大西南木材市场原木价格指数比中国原木价格指数较低,在850～1200元每立方米波动,中国国产原木价格指数在1000～1250元每立方米波动,总体趋势平稳,而大西南木材市场原木价格指数总体波动较为剧烈,2014年第三、四季度价格较为平稳,从2014年第四季度到2015年年底呈先下降再上升的价格趋势,2016年年初开始到2017年第一季度呈先下降再上升的趋势。

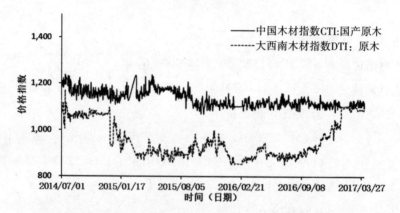

图10-3　中国木材价格指数与大西南木材市场价格指数变化趋势

Fig 10-3　The trend of timber price index in the China's maket

and the southwest maket

表10-12表示中国国产原木、大西南木材市场原木的价格指数描述统计分析结果。分析结果可以看出,两种市场的日度价格指数的中位数与均值相接近,不存在异常值,其中,大西南木材市场平均价格高于国产原木价格指数。两个市场价格指数均属于右偏分布,峰度均小于3,正态性检验结果都拒绝了正态分布的原假设。通过观察中国木材价格指数和大西南木材市场价格变化趋势,不同区域的木材价格的变化率不同,但存在类似的变化趋势,因此,本案例中采用全国的木材价格变化率数据来预测各个区域的木材价格。

表 10 - 12　中国、大西南木材市场原木价格指数描述统计分析结果

Tab 10 - 12　The statistical analysis results of the log price index in China and southwest maket

统计量	CTI	DTI
观测值	943	943
均值	1136. 745	954. 212
中位数	1128. 720	923. 710
最大值	1238. 100	1170. 110
最小值	1068. 510	849. 880
标准差	32. 777	75. 472
偏度	0. 681	0. 737
峰度	2. 836	2. 087
正态性检验	73. 949***	118. 197***
概率	0	0

***:1% 的水平下显著

10.4.2　模型随机变量分布的拟合

市场价倒算法中的随机变量为主伐期的林木价格,本部分利用 MAT-LAB2014b,估计了林木价格变化率的分布情况。首先,利用该软件绘制了变量的直方图,然后根据直方图的结果确定拟合分布的类型,并计算相应分布的参数,最后利用拟合好的分布生成与原序列对应的随机序列,并利用 t 检验结果判断两个序列的相似性。绘制的直方图见图 10 - 4。

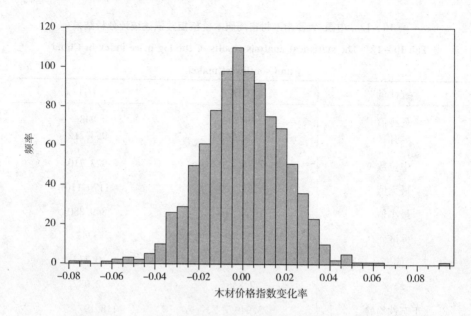

图 10 - 4　中国木材价格变化率直方图

Fig 10 - 4　the histogram of China's timber price change rate

分布的计算结果见表 10 - 13。

表 10 - 13　林木价格的拟合分布表

Tab 10 - 13　The distribution of forest price

变量	分布类型及参数估计结果	分布拟合检验
价格变化率	正态分布 N(- 0.0001,0.0188) 均值 99% 的置信区间:[- 0.0017,0.0015] 方差 99% 的置信区间:[0.0177,0.0120]	t 检验值 = 0.028,P = 0.753

该表给出了中国木材市场林木销售价格的分布参数和置信区间以及 t 检验的结果。木材价格的变化率服从均值为 - 0.0001,方差为 0.0188 的正态分布,均值的置信区间为[- 0.0017,0.0015],方差置信区间为[0.0177,0.0120],t 检验的结果没有拒绝原假设,因此,木材价格的拟合服从正态分布。

10.4.3　基于市场价倒算法蒙特卡洛模拟分析

本研究利用 MATLAB2014b 根据市场价倒算公式进行林木价格蒙特卡洛模拟,根据模型中参数的分布参数随机数,并带入公式计算。模型将进行 10 万次随机抽样,并计算出林木抵押价值。模拟结果的直方图见图 10 – 5,模拟结果见表 10 – 14。

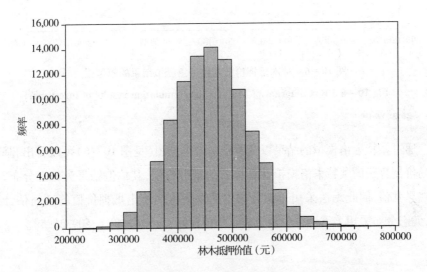

图 10 – 5 基于市场价倒算法林木抵押价值蒙特卡洛模拟直方图

Fig 10 – 5 Monte Carlo simulation histogram based on market price

表 10 – 14 林木抵押价值蒙特卡洛模拟结果

Tab 10 – 14 Monte Carlo Simulation Results of the forest Mortgage Value

统计量	市场价格倒算法
模拟次数	100000
均值	463382.70
中位数	461784.30
最大值	791174.70
最小值	205985.30
标准差	69921.03
偏度	0.18
峰度	3.06
JB 检验	542.00
P 值	0

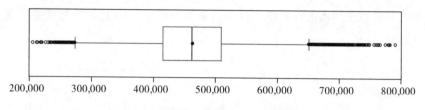

图 10 - 6　林木抵押价值蒙特卡洛模拟结果的箱型图

Fig 10 - 6　Box diagram of Monte Carlo simulation results of forest mortgage value

通过蒙特卡洛模拟的结果以及所绘制的箱型图(见图 10 - 6)可以看出,基于市场价倒算法的蒙特卡洛模拟计算林木的抵押价值,其估值结果为偏态分布,即存在异常值,因此无法采用正态分布中的置信区间给出抵押价值的区间估计结果,偏态分布采用上下四分位数来表示估值区间,为[414940.6,509326.5]。

10.5　评估结果的对比与分析

基于传统的市场价倒算法计算的估值结果为 808112.39 万元;按照改进的评估思路得到的抵押价值评估结果为 545746.45 万元。对比两者的评估结果,抵押价值结算结果低于市场价值,本案例中待估资产为已到主伐期的成熟林,可以直接砍伐销售,基本不存在未来变现的风险,计算得到的抵押价值是市场价值的约 68%(545746.45÷808112.39×100%),通过实践也证实,成熟林的变现能力较中龄林和幼龄林要强,因此抵押价值与市场价值的差距也相对较小。利用蒙特卡洛模拟的方法所得到评估结果用一个估值区间表示为[414940.6,509326.5],这个结果与改进思路计算抵押价值的点估计结果相接近,不同的是蒙特卡洛模拟考虑了参数的随机变动给估值结果带来的影响。

无论是传统的参数确定思路还是本文提出的抵押价值的计算思路,所得到的估值结果均为点估计,因为参数的选择均为确定值,这种结果是在对资产进行了严格的前提假设条件下所得到的估值结果,而若干假设的提出忽略了参数的不确定性因素,尤其是对评估结果影响较大的参数。例如,木材价格、木材价格的变动会带来不同的评估结果,不同的评估人员对资产信息的掌握和判断不同,往往得到不同的点估计结果,由此得到的估值结果使评估报告的使用者难以做出准确的判断。蒙特卡洛模拟的方法考虑了参数的随机变动,通过对参数的点估计扩大到服从某一概率分布的随机变量更为合理和贴近实际,对于评估报告的使用者,更具有参考价值。

10.6　本章小结

本章分别采用传统的参数确定方法、改进的参数确定思路和蒙特卡洛模拟的方法对成熟林的抵押价值进行了案例计算和对比,得出了以下结论。

(1)采用传统的市场价倒算法的参数确定思路计算成熟林的抵押价值其实是一种市场价值,按照本研究所提出的改进参数的确定本着谨慎性原则,且考虑了林木未来的变现风险,所计算的估值结果为抵押价值,计算结果抵押价值小于市场价值,为市场价值计算结果的近70%。无论是传统方法的参数确定思路还是本研究所提出的改进的抵押价值参数确定思路,估值结果均为点估计,所有的参数都是确定性参数。

(2)蒙特卡洛模拟的方法考虑了参数的不确定性,在对随机变量分布进行拟合的基础上,将随机变量带入公式中进行重复模拟,所计算的抵押价值考虑了变现风险和森林资源资产经营的不确定性因素,所得的估值结果为区间估计,估值结果更加科学,对评估结论更具有参考性。

11　中龄林抵押价值评估——收益法应用案例

11.1　项目概况

11.1.1　案例背景资料

（1）委托方、产权持有者概况

本案例中委托方即为产权持有者,GH 林业有限责任公司,主要从事木材采伐、造林、木材加工等业务,法人代表冯某。

（2）经济行为

2015 年,GH 林业有限责任公司需要扩大经营规模,引进新的生产设备,需要一定量资金,拟用其拥有的 167 亩白桦林木作为抵押资产向农业银行申请抵押贷款,并委托北京 ZL 资产评估有限公司对抵押资产进行评估。

11.1.2　评估要素

（1）评估目的

GH 林业有限责任公司拟用其所有的 167 亩白桦林木向银行申请贷款,北京 ZL 资产评估有限公司接受委托,为林木资产的抵押提供价值参考依据。

（2）评估基准日

本着委托方的经济行为需要,和有利于评估结果有效服务于评估目的的原则,与委托方协商同意,本项目资产评估基准日定为2015年10月15日。

(3)评估对象和范围

本次评估对象为GH林业有限责任公司所属的林木所有权资产。评估范围为GH有限责任公司所属的位于LJ区BN林场内的51小区12单元的约167亩商品用材林林木资产,涉及的主要树种为白桦,林分起测蓄积为1211.37立方米。

(4)委估资产的基本情况

委估资产位于LJ区BN林场境内。BN林场位于H市LJ区西北部,距H市区124公里,其地理坐标为东经126°16′34″～127°09′52″,北纬50°40′24″～50°58′29″。该场北邻大兴安岭地区,西与嫩江县接壤,南和西南与LJ区M林场相连,东临黑龙江与俄罗斯隔江相望。林场总经营区东西长30公里,南北宽17公里,经营总面积46699公顷。

BN林场地处小兴安岭山脉北坡低山丘陵地带,地势自西向东逐渐降低,起伏变化相对较小,平均坡度9度。该场海拔高度多在250～450米之间,最高峰"台山"海拔594.8米。气候属于温带大陆性季风气候,冬季漫长、寒冷干燥,夏季温热短促、多雨。年平均气温 –5℃,最高气温30℃,最低气温 –40℃,≥10℃积温为1700℃;无霜期90天,早霜9月,晚霜6月;年平均降水量500毫米;解冻期3月中旬,结冻期10月中旬。

BN林场主要的土类为暗棕壤。植被属于大兴安岭植物区。现形成以白桦、落叶松、黑桦、山杨、柞树等次生植被为主的林分。在水平分布上人工林主要分布在场区周围,以兴安落叶松、樟子松为主。白桦林以及白桦为主的阔叶混交和针阔混交林在全场均有分布。在垂直分布上,坡度较大,阳坡上部及阴坡上部多为萌生柞树林,山中下部主要以白桦、落叶松、黑桦、山杨为主,谷地以白桦林为主。

(5)价值类型

参照评估有关的法规,遵循客观、独立、公正和科学的原则及其他一般的公认评估原则,对评估范围内的资产进行了必要的核查与鉴定,查阅了有关文件及资料,实施了必要的程序,在此基础上,根据评估目的及资产状况,确定资产评估的价值类型为抵押价值。

抵押价值的内涵:抵押价值是考虑到资产的未来可持续性和当地的市场条件、资产的特征和用途,对资产未来的可出售性进行谨慎地评估的结果。

（6）评估方法

本次评估的评估目的是为抵押贷款提供价值参考依据，考虑到本次的评估目的、评估对象的具体情况，以及当地林业经营的特点，在本次评定估算时，我们对处于中龄林的白桦林木资产采用收获现值法评估。

即预测林分生长到主伐时可生产的木材的数量，并利用木材市场倒算法测算出其立木的价值并将其折成现值，然后再扣除评估基准日到主伐前预计要进行各项经营措施成本的折现值，将其剩余部分作为被评估林木的评估值。其计算公式为：

$$E_n = K \times \frac{A_u + D_a(1+P)^{u-a} + D_b(1+P)^{u-b} + \cdots}{(1+P)^{u-n}} - \sum_{i=n}^{u} \frac{C_i}{(1+P)^{i-n+1}}$$

式中：

E_n—林木资产评估值；

K—林分质量调整系数；

A_u—标准林分 U 年主伐时的纯收入（指木材销售收入扣除采运成本、销售费用、管理费用、财务费用、有关税费、木材经营合理利润后的部分）；

D_a、D_b—标准林分第 a、b 年的间伐纯收入；

C_i—第 i 年的营林生产成本；

U—经营期；

n—林分年龄；

P—利率。

11.2　传统收获现值法计算抵押价值

11.2.1　评估过程

评估过程分成两个阶段：资产核查阶段和评估估算阶段。

资产核查阶段：在对委托方提供的林权证进行真实性、合法性查证的基础上，ZL 资产评估有限公司的评估人员在委托方与产权持有者之委派代表相关技术人员的协助下，于 2015 年 10 月 14 日至 15 日依据委托方提供的资源资产清单和公司工作方案,对评估对象进行现场实地核查。经现地核实,核查单元的合格率超过要求合格率90%的要求。委托方提供的森林资源资产清单合格,可以作为森林资源资产评估的依据。

评定估算阶段:选取计算方法,选择评估参数,测算评估结果,提交评估报告。

11.2.2 参数选择和计算过程

若按照传统算法计算市场价值,参数选取和计算过程如下:

(1)资源数据

林分因子表见表11-1,白桦、柞树林龄的划分见表11-2,白桦净生长率见表11-3。

表 11-1 林分因子表

Tab 11-1 The factor table for the subcompartment

林班号	小班号	小班有林地面积(hm²)	树种	林种	坡向	坡位	坡度	土壤种类	土层厚度	立地等级	可及度	运距(km)	平均胸径(cm)	平均树高(m)	林龄	亩株数	亩蓄积(m³)	小班蓄积(m³)	材种出材率
51	12	167	白桦	一般用材林	西南	中	5	暗棕壤	48	中	即可及	13.9	11.5	11	36	61	3.89	1211	0.729

表 11-2 树种龄组划分

Tab 11-2 The age group division

树种	龄组					
	起源	幼龄林	中龄林	近熟林	成熟林	过熟林
白桦、柞树	天然	≤20	21~40	41~50	51~70	≥71

根据龄组划分,拟抵押资产林龄为36年,距中龄林尚需年份0年,距近熟林尚需年份5年,距主伐期尚需年份15年。

表11 -3　白桦净生长率表(小兴安岭北坡)　单位:%

Tab 11 -3　the table for net growth rate of white birch

(north slope of Xingan mountain)　unit:%

龄组 树种	幼龄林	中龄林	近熟林	成熟林	过熟林
白桦	7.9901	4.6140	2.7892	1.2584	0.8254

根据当地调查的实际情况,木材销售时所发生的成本费用主要包括采运成本、销售费用、管理费用、财务费用、有关税费等。林木生长到主伐期期间还会每年发生一定的营林成本。其中,采运成本包括采伐、造材、集材、装运。相关费用包括育林基金、检疫费、伐区设计费、销售费用、管理费用、财务费用。其他包括不可预见费、林木未来生产经营合理利润。营林生产成本主要包括管护费、地租。该林分已经进行过间伐作业,至主伐期不再需要间伐,故间伐收入和费用在本次评估计算中不予考虑。预测主伐期标准胸径15.8cm,实际胸径13cm。

(2)计算过程

计算过程如下:

①当地桦木木材市场(统材4m,胸径12～16cm)在评估基准日的平均价格为600元/立方米。

②管护费和林地地租

抚育期满后,次年起每年投入管护费、防病虫害和防火费,每年固定费用还包括林地地租,根据评估基准日当地市场调查标准,管护费为5元/亩·年;防病虫害、防火费用为1.2元/亩·年;地租标准为15元/亩·年。

③销售成本及相关费用的确定:主要包括采造集装成本、运费、育林基金、检验检疫费用、伐区设计费、销售费用、管理费用、不可预见费用和行业平均利润率(采伐成本费用利润率)。

采造集装成本指宗地内进行修林道、采伐、造材、集材、装车等项费用的合计,一般按照每立方米商品材分摊的数额计算。根据评估基准日当地调查,采造集装成本为100元/立方米,运费为1.5元/立方米·公里。

育林基金、检验检疫费用和伐区设计费,按照我国颁布的《育林基金征收使用管理办法》,目前我国征收的育林基金按照最高不超过林木产品销售收入的10%

计征。税费的改革基本上以减轻经营者税负为原则,分析林业行业经营的长期性和风险性,未来税费可能为下降趋势,本着谨慎的原则,本案例采用目前的 10% 基准,检疫费的收费标准是按照国家发展改革委、财政部于 2003 年颁布的 2004 年 4 月 1 日正式实施的《出入境检验检疫收费办法》,按货物总值的 1.2‰计收。伐区设计费一般根据当地木材的生产经营条件征收,本案例中采用 15 元/立方米。

销售费用、管理费用、不可预见费用是营林企业按照收入的一定百分比计算的,不同企业和不同地区可能会有差异,根据当地调查,按照 5% 比例计算。

行业平均利润率数据来自《中国林业统计年鉴》,采取的是全国 135 个木材采运企业的成本费用利润率平均值。根据本案例实地调查,取 13% 比例计算。

④投资收益率:

投资收益率 = 无风险利率 + 风险利率

无风险利率参考基准日前近三年发行的三年期国债的实际利率的平均水平确定无风险报酬率,即 4.005%。风险利率则考虑森林资源经营中存在的火灾和病虫鼠害发生面积,根据当地同级部门相关数据,确定为 2%。因此,投资收益率为 6%。

⑤出材率:

取自 HLJ 省地方标准《市县林区商品林主要树种出材率表》,见表 11 - 4。

表 11 - 4   当地分径级出材率表   单位:%

Tab 11 - 4   The local table for the rate of timber - produced by size class   unit:%

胸径	白桦(水曲柳、胡桃楸、黄菠萝)			
	大径	中径	小径	薪材
10			62.40	
11			67.05	
12			71.70	
13			72.90	
14			74.10	
15			76.45	

胸径	白桦(水曲柳、胡桃楸、黄菠萝)			
	大径	中径	小径	薪材
16			78.80	
17			57.15	
18		44.50	35.50	
19		48.45	32.20	
20		52.40	28.90	
21		55.30	25.80	
22		58.20	22.70	
23	11.10	49.60	20.60	
24	22.20	41.00	18.50	
25	27.00	38.40	16.70	
26	31.80	35.80	14.90	
27	40.25	29.20	13.00	
28	48.70	22.60	11.10	
29	48.70	24.25	9.75	
30	48.70	25.90	8.40	

主伐期标准胸径 15.8,预测主伐期实际胸径 13,出材率为 72.9%。

⑥生长率

取自 HLJ 省地方标准《市县林区主要林分和树种生长率表》和《小兴安岭北坡树种生长率表》。K = 现实林分平均胸径÷参照林分平均胸径 = 0.95

主伐期蓄积按照生长率表进行计算;主伐期收入按照评估基准日的木材价格标准,通过市场询价,按照每立方米桦木 600 元计算;各项采伐成本和费用均按照评估基准日的价格标准计算;折现率按照经验判断法取 6%(未考虑未来变现风险)。计算结果如下:

预测主伐期蓄积为

主伐期收益 = 主伐期收入 − 主伐成本费用 = 873925.2 − 372909.855 = 500015.35

主伐期收入 = 单价 × 主伐期蓄积 × 出材率 = 600 × 1998 × 72.9% = 873925.2

主伐时成本 = 育林基金 + 采造集装费用 + 运费 + 伐区设计费 + 检疫费 + 管理费用和不可预见费用 + 利润 = [873925.2 × 10% + 100 × 1998 × 72.9% + 1.5 × 1998 × 13.9 × 72.9% + 15 × 1998 × 72.9 + 873925.2 × 0.12% + 873925.2 × 5%] × (1 + 13%) = 372909.855

$$E_n = K \times \frac{A_u + D_a(1+P)^{u-a} + D_b(1+P)^{u-b} + \cdots}{(1+P)^{u-n}} - \sum_{i=n}^{u} \frac{C_i}{(1+P)^{i-n+1}}$$

$$= 0.95 \times [500015.35 \times (P \backslash F \, 6\% \, 15) \text{—} 167 \times (5 + 1.2 + 15)$$

$$\times (P \backslash A 6\% \, 15)]$$

$$= 165557.8$$

11.3   改进收获现值法计算抵押价值

11.3.1   参数的确定

(1)各径级桦木木材市场平均价格见表 11 − 5:(统材 4m,胸径 12 ~ 16cm)。

表 11 − 5   桦木市场平均价格

Tab 11 − 5   The average price for the birch in market

年份	桦木平均单价(元/立方米)	销售量(立方米)
2006	260	2690
2007	300	3050
2008	310	3120
2009	330	2980
2010	330	2990
2011	340	3400

年份	桦木平均单价(元/立方米)	销售量(立方米)
2012	350	3550
2013	380	3850
2014	350	3500
2015	600	4300

资料来源:中国林业信息网和当地财务数据整理

表 11 – 6　桦木价格回归 F 检验

Tab 11 – 6　F testing of regression for the price of birch

Sum of Squares	SS	DF	MSS	F	Prob > F
Explained	65385.	3	21795.	12. 036	0. 0059798
Residual	10865.	6	1810. 8		
Total	76250.	9	8472. 2		

表 11 – 7　桦木价格回归结果汇总

Tab 11 – 7　the regression results for the price of birch

Variable Name	Estimated Coefficient	Standard Error	t – Ratio 6 DF	Prob > |t|	Partial Regression
T	133. 05	61. 903	2. 1494	0. 075172	0. 43502
T1	– 29. 324	12. 768	– 2. 2966	0. 061386	0. 46782
T2	2. 0183	0. 76566	2. 6360	0. 038749	0. 53662
CONSTANT	141. 67	82. 587	1. 7154	0. 13710	0. 32904

$$P_t = 141.67 + 133.05T - 29.324T^2 + 2.018T^3$$

$$(82.59)(61.903^*)(12.768^*)(0.766^{**})$$

$$R^2 = 0.857 \quad \bar{R}^2 = 0.7862 \quad F = 4$$

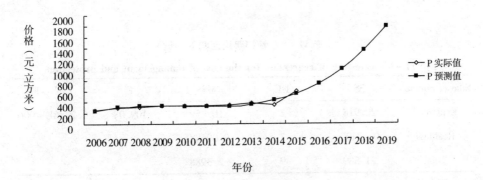

图 11 - 1 桦木价格预测图

Fig 11 - 1 The prediction chart for the price of birch

对桦木当地市场单价进行预测,预测结果见表 11 - 7,预测图见 11 - 1,根据抵押价值谨慎保守的特征,在对未来桦木价格进行预测中,取低点,即 743 元/立方米。

(2)管护费和林地地租

抚育期满后,次年起每年投入管护费、防病虫害和防火费,每年固定费用还包括林地地租,各项费用标准见表 11 - 8。

表 11 - 8 各项费用统计 单位:元/亩·年

Tab 11 - 8 The statistics for every cost unit:yuan/mu · year

年份	管护费	防病虫害、防火费	地租
2006	0.6	0.4	5
2007	0.7	0.4	5
2008	0.8	0.5	6
2009	0.8	0.5	7
2010	1	0.5	8
2011	1.2	0.5	8
2012	2	1	10
2013	3.5	1.1	10
2014	3.5	1.2	12
2015	5	1.2	15

数据来源:案例调研数据

表 11 – 9　管护费用回归 F 检验

Tab 11 – 9　F testing of regression for the cost of management and protection

Sum of Squares	SS	DF	MSS	F	Prob > F
Explained	20. 918	2	10. 459	109. 08	5. 2986E – 006
Residual	0. 67120	7	0. 095885		
Total	21. 589	9	2. 3988		

表 11 – 10　管护费用回归结果汇总

Tab 11 – 10　The regression results for the cost of management and protection

Variable Name	Estimated Coefficient	Standard Error	t – Ratio 7 DF	Prob > |t|	Partial Regression
T	– 0. 39053	0. 15211	– 2. 5675	0. 037143	0. 48499
T2	0. 077652	0. 013476	5. 7622	0. 00068970	0. 82589
CONSTANT	1. 0683	0. 36420	2. 9334	0. 021919	0. 55142

$$管护费用 = 1.0683 - 0.39053T + 0.0776T2$$

$$(0.364^{**})(0.152^{**})(0.013^{**})$$

$$R^2 = 0.97 \quad \bar{R}^2 = 0.96 \quad F = 109$$

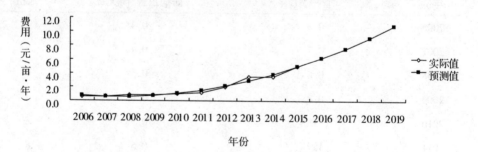

图 11 – 2　管护费用预测图

Fig 11 – 2　The prediction chart for the cost of management and protection

表 11 – 11 防病虫害、防火费回归 F 检验

Tab 11 – 11 F testing of regression for the fee of forest pest control
and prevention of forest fires

Sum of Squares	SS	DF	MSS	F	Prob > F
Explained	0. 90694	1	0. 90694	41. 684	0. 00019699
Residual	0. 17406	8	0. 021758		
Total	1. 0810	9	0. 12011		

表 11 – 12 防病虫害、防火费回归结果汇总

Tab 11 – 12 The regression results for the fee of forest pest control
and prevention of forest fires

Variable Name	Estimated Coefficient	Standard Error	t – Ratio 8 DF	Prob > |t|	Partial Regression
T	0. 10485	0. 016240	6. 4563	0. 00019699	0. 83898
CONSTANT	0. 15333	0. 10076	1. 5217	0. 16658	0. 22447

防病虫害费用 = 0. 1533 + 0. 1057T

$$(0.1)(0.016^{**})$$

$$R^2 = 0.84 \quad \overline{R}^2 = 0.82 \quad F = 41$$

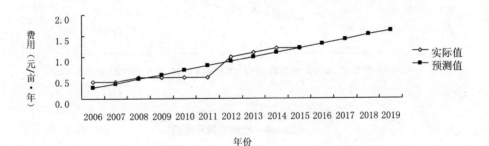

图 11 – 3 防病虫害、防火费用预测图

Fig 11 – 3 The prediction chart for the fee of forest pest control and prevention of
forest fires

表 11 - 13 地租回归 F 检验

Tab 11 - 13 F testing of regression for the land rent

Sum of Squares	SS	DF	MSS	F	Prob > F
Explained	85. 527	1	85. 527	99. 556	8. 6305E - 006
Residual	6. 8727	8	0. 85909		
Total	92. 400	9	10. 267		

表 11 - 14 地租回归结果汇总

Tab 11 - 14 The regression results of the land rent

Variable Name	Estimated Coefficient	Standard Error	t - Ratio 8 DF	Prob > |t|	Partial Regression
T	1. 0182	0. 10205	9. 9778	8. 6305E - 006	0. 92562
CONSTANT	3. 0000	0. 63317	4. 7380	0. 0014677	0. 73727

$$地租费用 = 3 + 1.018T$$

$$(0.63^{**})(0.102^{**})$$

$$R^2 = 0.925 \quad \overline{R}^2 = 0.916 \quad F = 99$$

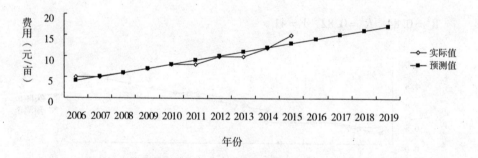

图 11 - 4 地租费用预测图

Fig 11 - 4 The prediction chart for the land rent

(3)销售成本及相关费用的确定：

①采造集装成本和运费

表 11 - 15　当地各年采造集装成本和运费统计

Tab 11 - 15　the local cost for logging, gathering and tiansportation of logs in every year

年份	采造集装 （元/立方米）	运费 （元/立方米·公里）
2006	55	0.6
2007	58	0.6
2008	60	0.7
2009	60	0.7
2010	65	0.8
2011	70	1
2012	80	1
2013	100	1.2
2014	100	1.5
2015	100	1.5

数据来源：案例调研数据

采造集装成本指宗地内进行修林道、采伐、造材、集材、装车等项费用的合计，一般按照每立方米商品材分摊的数额计算。

表 11 - 16　采造集装费用回归 F 检验

Tab 11 - 16　F testing of regression for the cost of logging, gathering and

tiansportation of logs

Sum of Squares	SS	DF	MSS	F	Prob > F
Explained	2816.0	1	2816.0	64.820	4.1711E - 005
Residual	347.55	8	43.444		
Total	3163.6	9	351.51		

表 11 – 17 采造集装费用回归结果汇总

Tab 11 – 17 the regression results for the cost of logging, gathering and tiansportation of logs

Variable Name	Estimated Coefficient	Standard Error	t – Ratio 8 DF	Prob > |t|	Partial Regression
T	5. 8424	0. 72567	8. 0511	4. 1711E – 005	0. 89014
CONSTANT	42. 667	4. 5026	9. 4759	1. 2668E – 005	0. 91819

$$采造集装费用 = 42.667 - 5.842T$$

$$(4.5^{**})(0.726^{**})$$

$$R^2 = 0.89 \quad \bar{R}^2 = 0.87 \quad F = 64$$

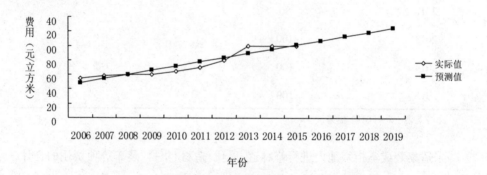

图 11 – 5 采造集装费用预测图

Fig 11 – 5 the prediction chart for the cost of logging, gathering and tiansportation of logs

表 11 – 18 运费回归 F 检验

Tab 11 – 18 F testing of regression for tiansportation cost

Sum of Squares	SS	DF	MSS	F	Prob > F
Explained	0. 97094	1	0. 97094	51. 763	9. 2938E – 005
Residual	0. 15006	8	0. 018758		
Total	1. 1210	9	0. 12456		

表11 -19 运费回归结果汇总

Tab 11 -19 the regression results for tiansportation cost

Variable Name	Estimated Coefficient	Standard Error	t - Ratio 8 DF	Prob > |t|	Partial Regression
T	0.10848	0.015079	7.1946	9.2938E - 005	0.86614
CONSTANT	0.17333	0.093560	1.8526	0.10107	0.30023

运费 = 0.173 - 0.108T

$(0.09^{**})(0.015^{**})$

$R^2 = 0.86$ $\overline{R^2} = 0.849$ $F = 51$

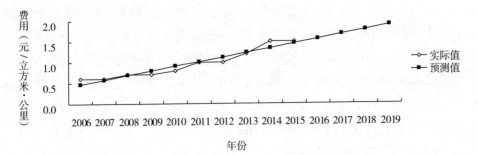

图11 -6 运费预测图

Fig 11 -6 The prediction chart for tiansportation cost

对各项成本费用进行预测,管护费用根据抵押价值谨慎保守特点,成本费用选择动态的高点,因此管护费用选择10.82元/亩·年;防病虫害、防火费用为1.62元/亩·年;林地地租为17.3元/亩·年;采造集装费用为124元/立方米;运费为1.69元/立方米·公里。

②育林基金、检验检疫费用和伐区设计费

表11 -20 育林基金、检疫费和伐区设计费

Tab 11 -20 The fund for cultivating forest, the quarantine fees and the design fee for cutting area

年份	育林基金(%)	检疫费(‰)	伐区设计(元/立方米)
2011 年	21%	1.2	3
2012 年	21%	1.2	2

续表

年份	育林基金(%)	检疫费(‰)	伐区设计(元/立方米)
2013 年	10%	1.2	6
2014 年	10%	1.2	15
2015 年	10%	1.2	15

数据来源:案例调研数据

按照我国颁布的《育林基金征收使用管理办法》,目前我国征收的育林基金按照最高不超过林木产品销售收入的10%计征,新的育林基金管理办法是根据《中共中央国务院关于全面推进集体林权制度改革的意见》(中发〔2008〕10 号)精神颁布的,有效地减轻了生产经营者负担,促进林业发展。政策性因素无法预见,根据中央政策的精神,税费的改革基本上以减轻经营者税负为原则,分析林业行业经营的长期性和风险性,未来税费可能为下降趋势,本着谨慎的原则,本案例采用目前的10%基准,检疫费的收费标准是按照国家发展改革委、财政部于2003 年颁布的2004 年4 月1 日正式实施的《出入境检验检疫收费办法》,按货物总值的1.2‰计收。伐区设计费一般根据当地木材的生产经营条件征收,如表11 - 20 所示,本案例中采用15 元/立方米。

③销售费用、管理费用、不可预见费用和行业平均利润率(采伐成本费用利润率)

表 11 - 21　财务费用　单位:%

Tab 11 - 21　The financial cost　unit:%

年份	销售费用、管理费用、不可预见费	行业平均利润率
2009 年	3	12
2010 年	3	12.5
2011 年	3	12.6
2012 年	3	12.6
2013 年	5	13
2014 年	5	13
2015 年	5	13

数据来源:案例调研数据

销售费用、管理费用、不可预见费用是营林企业按照一定的收入的一定百分比计算的,不同企业和不同地区可能会有差异,案例调研数据如表 11-21 所示,此部分并不随着时间的发展而发生必然变化,因此不可通过时间序列进行预测,在案例中本着保守和谨慎的原则,取历史统计数据的高点即 5%。

行业平均利润率数据来自《中国林业统计年鉴》,采取的是全国 135 个木材采运企业的成本费用利润率平均值。这项指标受到很多不可控因素,如市场环境因素、产业风险、税收因素、国家政策等影响(例如,由于受到限伐政策的影响,大兴安岭林区长期行业利润率在 7% 左右)同样不随时间的变化发生必然变化,无法通过时间序列加以预测,在评估中本着保守和谨慎的原则,取历史统计数据的高点,即 13%。

(4)投资收益率:

投资收益率 = 无风险利率 + 风险利率

①无风险利率参考基准日前近三年发行的三年期国债的实际利率的平均水平确定无风险报酬率,即 4.005%。

表 11-22 基准日前三年发行的三年期国债

Tab 11-22 The national debt for the time limit of three years issued before three years from the date of benchmark

序号	债券简称	发行起始日	发行面额(亿元)	利率	期限(年)	发行价格
1	14 储蓄 14	2014/9/10	150.00	5.58%	3.00	100.00
2	14 附息国债 13(续发)	2014/9/7	300.00	3.26%	3.00	99.26
3	14 凭证式国债 03(3 年)	2014/8/10	150.00	5.58%	3.00	100.00
4	14 储蓄 11	2014/7/25	100.00	5.58%	3.00	100.00
5	14 凭证式国债 02(3 年)	2014/6/10	150.00	5.43%	3.00	100.00
6	14 国债 13(柜台)	2014/6/1	300.00	3.26%	3.00	100.00
7	14 储蓄 05	2014/5/10	149.31	5.43%	3.00	100.00
8	14 国债 07(柜台)(续发)	2014/4/20	300.00	3.22%	3.00	100.54
9	14 储蓄 02	2014/4/15	231.98	5.43%	3.00	100.00
10	国债 1107	2014/3/9	280.00	3.22%	3.00	100.00
11	14 凭证式国债 01(3 年)	2014/3/1	300.00	5.18%	3.00	100.00

序号	债券简称	发行起始日	发行面额（亿元）	利率	期限（年）	发行价格
12	13 凭证式国债 05（3 年）	2013/12/6	100.00	4.25%	3.00	100.00
13	13 储蓄 10	2013/11/15	150.00	4.25%	3.00	100.00
14	13 国债 35（柜台）	2013/11/3	280.00	2.68%	3.00	100.00
15	13 储蓄 08	2013/10/15	100.00	3.73%	3.00	100.00
16	13 凭证式国债 04（3 年）	2013/9/13	200.00	3.73%	3.00	100.00
17	13 储蓄 06	2013/8/16	80.00	3.73%	3.00	100.00
18	国债 1025	2013/8/11	280.00	2.3%	3.00	100.00
19	13 凭证式国债 03（3 年）	2013/7/12	200.00	3.73%	3.00	100.00
20	13 储蓄 04	2013/6/12	100.00	3.73%	3.00	100.00
21	13 国债 16	2013/6/2	280.00	2.33%	3.00	100.00
22	13 凭证式国债 02（3 年）	2013/5/13	200.00	3.73%	3.00	100.00
23	13 储蓄 02	2013/4/10	200.00	3.73%	3.00	100.00
24	国债 1006	2013/3/17	260.00	2.23%	3.00	100.00
25	13 凭证式国债 01（3 年）	2013/3/1	250.00	3.73%	3.00	100.00
26	13 储蓄 08	2013/11/20	150.00	3.73%	3.00	100.00
27	国债 0929	2013/11/18	276.30	2.42%	3.00	100.00
28	凭证式国债 05（3 年）	2013/10/15	150.00	3.73%	3.00	100.00
29	13 储蓄 06	2013/9/15	200.00	3.73%	3.00	100.00
30	13 国债 22（柜台）	2013/9/9	268.60	2.18%	3.00	100.00
31	13 凭证式国债 04（3 年）	2013/8/17	200.00	3.73%	3.00	100.00
32	13 国债 15	2013/7/15	280.00	2.22%	3.00	100.00
33	13 储蓄 03	2013/7/15	400.00	3.73%	3.00	100.00
34	13 凭证式国债 03（3 年）	2013/6/15	400.00	3.73%	3.00	100.00
35	13 国债 09	2013/5/20	273.00	1.55%	3.00	100.00
36	13 凭证式国债 02（3 年）	2013/5/11	400.00	3.73%	3.00	100.00
37	13 储蓄 01	2013/4/10	350.00	3.73%	3.00	100.00
38	13 凭证式国债 01（3 年）	2013/3/16	210.00	3.73%	3.00	100.00

续表

序号	债券简称	发行起始日	发行面额（亿元）	利率	期限（年）	发行价格
39	12 储蓄 03	2012/11/25	200.00	5.17%	3.00	100.00
40	12 凭证式国债 05（3 年）	2012/10/20	140.00	5.53%	3.00	100.00
41	12 国债 19	2012/10/10	233.80	2.64%	3.00	100.00
42	12 储蓄 02	2012/9/16	150.00	5.74%	3.00	100.00
43	12 凭证式国债 04（3 年）	2012/8/1	140.00	5.74%	3.00	100.00
44	12 国债 11	2012/7/11	245.90	3.92%	3.00	100.00
45	12 凭证式国债 03（3 年）	2012/6/10	140.00	5.74%	3.00	100.00
46	12 储蓄 01	2012/5/16	300.00	5.74%	3.00	100.00
47	12 凭证式国债 02（3 年）	2012/4/15	320.00	5.74%	3.00	100.00
48	12 国债 04	2012/4/11	260.70	3.56%	3.00	100.00
49	12 凭证式国债 01（3 年）	2012/3/1	240.00	5.74%	3.00	100.00

数据来源:wind 咨询数据库

②风险报酬率的计算

风险利率则考虑森林资源经营中存在的火灾和病虫鼠害发生面积,根据当地同级部门相关数据,确定为 1.05%。

其余风险因素采用层次分析法和模糊综合评判方法确定,具体步骤如下:

首先,按照第八章所构建的指标体系内容。X_1 表示自然灾害风险,X_2 表示社会环境风险,X_3 表示经营技术风险,X_4 表示宏观经济环境风险,X_5 表示管理风险,X_6 表示资产未来的变现风险。一级指标分别对应二级指标:霜雪冰冻灾害(X_{11})、旱灾(X_{12})、风灾(X_{13})、洪涝灾害(X_{14});相关政策的稳定和连续性(X_{22})、造林失败(X_{31})、技术的不确定性(X_{32});物价波动(X_{41})、利率变动(X_{42})、国家金融状况(X_{43});经营组织制度和结构(X_{51})、管理者素质和经验(X_{52});活立木交易市场成熟度(X_{61})、相关林业政策限制(X_{62})、林业税费(X_{63})。

其次,构建两两判断矩阵,如表 11 - 23 ~ 11 - 29 所示,采用几何平均法计算各级指标最大特征与对应要素的权重 W_i,同时进行一致性检验,当 CR < 0.1 时,通过一致性检验。

表 11 – 23　一级指标的判断矩阵

Tab 11 – 23　the judgment matrix for the index of grade one

	x_1	x_2	x_3	x_4	x_5	x_6	W_i（比例）	特征值	CI	CR
x_1	1	0.3	0.1	0.2	0.5	4	0.057	6.622	0.124	0.099
x_2	3	1	0.2	0.2	3	6	0.127			
x_3	7	5	1	3	5	7	0.435			
x_4	5	5	0.3	1	5	5	0.280			
x_5	2	0.3	0.2	0.2	1	3	0.070			
x_6	0.3	0.2	0.1	0.2	0.3	1	0.031			

表 11 – 24　X_1 自然灾害对 X_{1j} 的两两判断矩阵

Tab 11 – 24　the judgment matrix for the disaster parameter X_1 to X_{1j}

自然灾害				W_i（比例）	特征值	CI	CR
	X_{11}	X_{12}	X_{13}	X_{14}				
X_{11}	1	2	5	3	0.480	4.269	0.090	0.100
X_{12}	0.5	1	2	5	0.290			
X_{13}	0.2	0.5	1	3	0.149			
X_{14}	0.3	0.2	0.3	1	0.082			

表 11 – 25　X_2 社会环境对 X_{2j} 的两两判断矩阵

Tab 11 – 25　the judgment matrix for society circumstance parameter X_2 to X_{2j}

社会环境		W_i（比例）	特征值	CI	CR
	X_{21}	X_{22}				
X_{21}	1	3	0.750	2.000	0.000	0.000
X_{22}	0.3	1	0.250			

表 11 – 26　X_3 经营技术对 X_{3j} 的两两判断矩阵

Tab 11 – 26　the judgment matrix for management technique parameter X_3 to X_{3j}

经营技术		W_i（比例）	特征值	CI	CR
	X_{31}	X_{32}				
X_{31}	1	3	0.750	2.000	0.000	0.000
X_{32}	0.3	1	0.250			

表 11 – 27 X_4 宏观经济环境对 X_{4j} 的两两判断矩阵

Tab 11 – 27 the judgment matrix for macro – economy circumstance

parameter X_4 to X_{4j}

宏观经济环境			W_i（比例）	特征值	CI	CR
	X_{41}	X_{42}	X_{43}				
X_{41}	1	2	5	0.559	3.054	0.027	0.052
X_{42}	0.5	1	5	0.352			
X_{43}	0.2	0.2	1	0.089			

表 11 – 28 X_5 管理风险对 X_{5j} 的两两判断矩阵

Tab 11 – 28 the judgment matrix for management risk parameter X_5 to X_{5j}

管理风险		W_i（比例）	特征值	CI	CR
	X_{51}	X_{52}				
X_{51}	1	0.3	0.250	2.000	0.000	0.000
X_{52}	3	1	0.750			

表 11 – 29 X_5 管理风险对 X_{5j} 的两两判断矩阵

Tab 11 – 29 the judgment matrix for management risk parameter X_5 to X_{5j}

资产未来变现风险			W_i（比例）	特征值	CI	CR
	X_{61}	X_{62}	X_{63}				
X_{61}	1	3	7	0.649	3.065	0.032	0.062
X_{62}	0.3	1	5	0.279			
X_{63}	0.1	0.2	1	0.072			

以上分别计算了相对权重,并进行了一致性检验,结果表明 CR 均小于 0.1,可以通过一致性检验。

然后计算层次总排序权重向量 A。

表 11 - 30   层次总排序权重向量

Tab 9 - 40   the vector quantities of the weightings for all arrangement taxis

	X_1	X_2	X_3	X_4	X_5	X_6	二级指标权重
层次	0.057	0.127	0.435	0.280	0.070	0.031	
X11	0.480						0.027
X12	0.290						0.017
X13	0.149						0.008
X14	0.082						0.005
X21		0.750					0.095
X22		0.250					0.032
X31			0.750				0.326
X32			0.250				0.109
X41				0.559			0.156
X42				0.352			0.099
X43				0.089			0.025
X51					0.250		0.018
X52					0.750		0.053
X61						0.649	0.020
X62						0.279	0.009
X63						0.072	0.002

表 11 - 30 的计算表明了二级风险指标因素相对于总体的权重, 即层次总排序向量 A = (0.027,0.017,0.008,0.005,0.095,0.032,0.326,0.109,0.156,0.099, 0.025,0,018,0.053,0.020,0.009,0.002)。

最后通过模糊综合评判模型计算风险值, 模糊综合评判法基本模型: B = A · R, A 权重向量值已经求出, 关键在于求 R, R 为总体评价矩阵, R 的求解利用专家意见, 分别聘请林业、资产评估、经济管理、金融、气象等领域的专家, 对风险的重要程度进行打分并排序, 估计风险百分比, 百分比越大, 说明该因素的风险越大, 结果如表 11 - 31 所示。

表 11 - 31 专家打分表　　　　　　　　　　　单位：%

Tab 11 - 31　　the score table for experts　unit：%

X_i	X_{ij}	甲	乙	丙	丁	戊	己	庚	辛	壬	癸	权重
X_1	X_{11}	6.00	5.00	8.00	10.00	12.00	15.00	10.00	16.00	15.00	12.00	2.7
	X_{12}	5.00	4.00	6.00	9.00	10.00	12.00	12.00	12.00	9.00	8.00	1.7
	X_{13}	4.00	6.00	4.00	8.00	9.00	8.00	14.00	8.00	15.00	12.00	8
	X_{14}	3.00	6.00	8.00	9.00	8.00	5.00	6.00	6.00	10.00	12.00	5
X_2	X_{21}	9.00	5.00	8.00	8.00	9.00	10.00	10.00	10.00	8.00	9.00	9.5
	X_{22}	8.00	4.00	10.00	8.00	10.00	8.00	10.00	12.00	12.00	13.00	3.2
X_3	X_{31}	6.00	2.00	2.00	5.00	2.00	3.00	5.00	3.00	2.00	5.00	3.26
	X_{32}	9.00	5.00	9.00	8.00	7.00	5.00	3.00	9.00	9.00	12.00	10.9
X_4	X_{41}	10.00	6.00	8.00	9.00	12.00	10.00	15.00	15.00	16.00	15.6
	X_{42}	10.00	7.00	10.00	10.00	9.00	10.00	11.00	12.00	12.00	15.00	9.9
	X_{43}	11.00	7.00	10.00	10.00	10.00	9.00	10.00	13.00	11.00	9.00	2.5
X_5	X_{51}	9.00	6.00	8.00	8.00	6.00	6.00	7.00	6.00	8.00	6.00	1.8
	X_{52}	9.00	8.00	9.00	8.00	8.00	5.00	9.00	6.00	6.00	8.00	5.3
X_6	X_{61}	20.00	12.00	18.00	20.00	20.00	20.00	25.00	24.00	28.00	26.00	2.0
	X_{62}	6.00	10.00	8.00	10.00	10.00	8.00	15.00	8.00	12.00	10.00	9
	X_{63}	6.00	6.00	10.00	10.00	8.00	10.00	16.00	12.00	10.00	8.00	2

根据所得到的专家评分结果，风险值 B = A · R，分别加权平均求十名专家对各个风险因素判断的风险贡献结果如下：

B 甲 = 6% × 2.7% + 5% × 1.7% + 4% × 8% + 3% × 5% + 9% × 9.5% + 8% × 3.2% + 6% × 3.26% + 9% × 10.9% + 10% × 15.6% + 10% × 9.9% + 11% × 2.5% + 9% × 1.8% + 9% × 5.3% + 20% × 2% + 6% × 0.9% + 06 × 0.2% = 8.3%。

同理计算另外九名专家得到的风险值：$B_乙 = 4.9\%$，$B_丙 = 6.7\%$，$B_丁 = 8\%$，$B_戊 = 6.7\%$，$B_己 = 7.5\%$，$B_庚 = 8\%$，$B_辛 = 8.8\%$，$B_壬 = 8.5\%$，$B_癸 = 10.3\%$。将以上数据计算平均值得 7.78% %。

折现率 = 无风险报酬率 + 风险报酬率 = 4.005% + 1.05% + 7.78% =

12.835%。折现率取 12%。

（5）出材率：

取自 HLJ 省地方标准《市县林区商品林主要树种出材率表》，如表 11 - 32 所示。

表 11 - 32　　当地分径级出材率表　　　单位：%

Tab 11 - 32　　The local table for the rate of timber - produced by size class　　　unit：%

胸径	白桦（水曲柳、胡桃楸、黄菠萝）			
	大径	中径	小径	薪材
10			62.40	
11			67.05	
12			71.70	
13			72.90	
14			74.10	
15			76.45	
16			78.80	
17			57.15	
18		44.50	35.50	
19		48.45	32.20	
20		52.40	28.90	
21		55.30	25.80	
22		58.20	22.70	
23	11.10	49.60	20.60	
24	22.20	41.00	18.50	
25	27.00	38.40	16.70	
26	31.80	35.80	14.90	
27	40.25	29.20	13.00	
28	48.70	22.60	11.10	
29	48.70	24.25	9.75	
30	48.70	25.90	8.40	

主伐期标准胸径 15.8,预测主伐期实际胸径 13,出材率为 72.9%。

(6)生长率

取自 HLJ 省地方标准《市县林区主要林分和树种生长率表》及《小兴安岭北坡树种生长率表》。K = 现实林分平均胸径 ÷ 参照林分平均胸径 = 0.95。

11.3.2　计算结果

预测主伐期蓄积为 $1211.3 \times (1 + 4.614\%)^5 \times (1 + 2.7892\%)^{10} = 1998$

主伐期收入 = 单价 × 主伐期蓄积 × 出材率 = $743 \times 1998 \times 72.9\%$ = 1082210.71

主伐时成本 = 育林基金 + 采造集装费用 + 运费 + 伐区设计费 + 检疫费 + 管理费用和不可预见费用 + 利润 = $[1082210.71 \times 10\% + 124 \times 1998 \times 72.9\% + 1.69 \times 1998 \times 13.9 \times 72.9\% + 15 \times 1998 \times 72.9 + 1082210.71 \times 0.12\% + 1082210.71 \times 5\%] \times (1 + 13\%) = 452344.904$

主伐期收益 = 主伐期收入 – 主伐成本费用 = 1082210.71 – 452344.904 = 629865.806

估值结果 = $0.95 \times [629865.806 \times (P \backslash F\ 12\%\ 15) - 167 \times (10.82 + 17.3 + 1.62) \times (P \backslash A\ 12\%\ 15)] = 77187.12$

在实施了上述资产评估程序和方法后,计算林木抵押价值为 77187.12。

11.4　蒙特卡洛模拟方法计算抵押价值

11.4.1　数据的描述统计分析

为了对木材价格指数变动的分布情况进行模拟,本研究使用了 Wind 数据库中 2014 年 7 月 1 日到 2017 年 4 月 6 日的中国国产原木(CTI),福人木材市场原木(FTI)价格指数的日度数据,该数据均以 2010 年 6 月为基期。蒙特卡洛模拟首先输入变量及其随机分布,因此,本研究对其价格的时间变化趋势进行了描述。图 11 – 7 为中国国产原木(CTI)和福人木材市场(DTI)从 2014 年 7 月 1 日到 2017 年

4月6日价格指数的变化趋势。从图中可以发现,中国国产原木价格指数在1000~1250元每立方米之间波动,总体趋势平稳,其中2015年前三季度波动较为剧烈,以后逐渐平稳。福人木材市场价格指数总体上比中国国产原木价格指数要高,为1100~1400元每立方米,且波动呈现跳跃式变化,其中,在2015年8月之前,波动较小,稳定在1400元每立方米,2015年第三季度到2016年第一季度,呈明显下降趋势,从1400元每立方米下降到1200元每立方米。

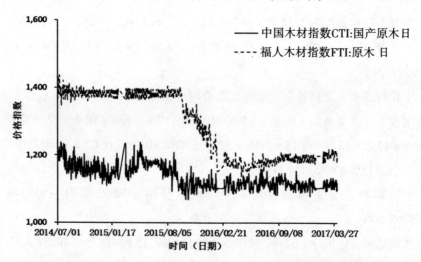

图 11 –7　中国木材价格指数与福人木材市场价格指数变化趋势图

Fig 11 – 7　The price index trend chart of China timber market and Furen timber market

　　表11 –33表示中国国产原木、福人木材市场原木的价格指数描述统计分析结果,可以看出,两种市场的日度价格指数的中位数与均值相接近,不存在异常值,其中福人市场平均价格高于中国原木价格指数。国产原木价格指数属于右偏分布,福人木材市场原木价格是左偏分布,峰度均小于3,正态性检验结果都强烈地拒绝了正态分布的原假设。不同区域的木材价格变化率不同,但总体的变化趋势相类似,因此,本研究采用全国的木材价格变化率数据来预测各个区域的木材价格。

表 11-33　中国、福人木材市场原木价格指数描述统计分析结果

Tab 11-33　The statistical analysis results of the log price index in China and furen market

统计量	CTI	FTI
观测值	943	943
均值	1136.745	1288.665
中位数	1128.720	1308.760
最大值	1238.100	1436.510
最小值	1068.510	1136.470
标准差	32.777	94.739
偏度	0.681	-0.102
峰度	2.836	1.193
正态性检验	73.949***	130.004***
概率	0	0

***:1% 的水平下显著

11.4.2　模型随机变量分布的拟合

收获现值法中的随机变量为主伐期林木价格、木材生产经营成本(管护成本)以及投资利润率(折现率)。本部分利用 MATLAB2014b,分别估计了造林管护成本、林木价格变化率、3 年期、10 年期、20 年期国债利率的分布情况。首先,利用该软件绘制了变量的直方图,然后根据直方图的结果确定拟合分布的类型,并计算相应分布的参数,最后利用拟合好的分布生成与原序列对应的随机序列,并利用 t 检验结果判断两个序列的相似性。绘制的直方图见 11-8,拟合分布的计算结果见表 11-34。

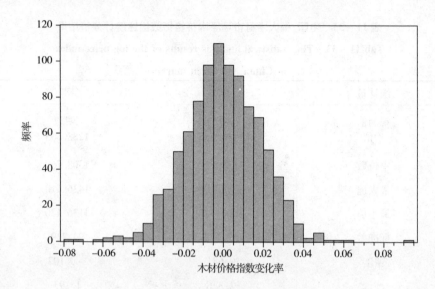

图 11 - 8　中国木材价格变化率直方图

Fig 11 - 8　the histogram of China's timber price change rate

表 11 - 34　随机变量拟合分布表

Tab 11 - 34　The distribution of random variable

变量	分布类型及参数估计结果	分布拟合检验
管护成本分布	对数正态分布:N(2.334,0.431) 均值99%的置信区间:[1.891,2.777] 方差99%的置信区间:[0.266,0.982]	t 检验值 = 0.157,P = 0.934
价格变化率	正态分布 N(- 0.0001,0.0188) 均值99%的置信区间:[- 0.0017,0.0015] 方差99%的置信区间:[0.0177,0.0120]	t 检验值 = 0.028,P = 0.753
3 年期国债利率	正态分布 N(2.783,0.540) 均值99%的置信区间:[2.600,2.965] 方差99%的置信区间:[0.437,0.700]	t 检验值 = 0.093,P = 0.622
10 年期国债利率	正态分布 N(3.461,0.551) 均值99%的置信区间:[3.301,3.620] 方差99%的置信区间:[0.458,0.687]	t 检验值 = 0.096,P = 0.406
20 年期国债利率	正态分布 N(4.169,0.360) 均值99%的置信区间:[3.914,4.425] 方差99%的置信区间:[0.246,0.636]	t 检验值 = 0.093,P = 0.659

该表给出了变量的分布参数和每个参数的置信区间以及 t 检验的结果。其中,造林的管护费用服从均值为 2.334,方差为 0.431 的对数正态分布,均值的置信区间为 $[1.891,2.777]$,方差的置信区间为 $[0.266,0.982]$,t 检验的结果没有拒绝原假设,因此,该拟合服从对数正态分布。木材价格的变化率服从均值为 -0.0001,方差为 0.0188 的正态分布,均值的置信区间为 $[-0.0017,0.0015]$,方差的置信区间为 $[0.0177,0.0120]$,t 检验的结果没有拒绝原假设,因此,该拟合服从正态分布。3 年期国债利率服从均值为 2.783,方差为 0.540 的正态分布,均值的置信区间为 $[2.600,2.965]$,方差的置信区间为 $[0.437,0.700]$,t 检验的结果没有拒绝原假设,因此,该拟合服从正态分布。10 年期国债利率服从均值为 3.461,方差为 0.551 的正态分布,均值的置信区间为 $[3.301,3.620]$,方差的置信区间为 $[0.458,0.687]$,t 检验的结果没有拒绝原假设,因此,该拟合服从正态分布。20 年期国债利率服从均值为 4.169,方差为 0.360 的正态分布,均值的置信区间为 $[3.914,4.425]$,方差的置信区间为 $[0.246,0.636]$,t 检验的结果没有拒绝原假设,因此,该拟合服从正态分布。

11.4.3 基于收获现值法的蒙特卡洛模拟分析

本研究利用 MATLAB2014b,根据收获现值法公式分别对随机变量主伐期林木价格、木材生产经营成本,以及投资利润率进行蒙特卡洛模拟,根据模型中参数的分布生成随机序列,并代入公式进行计算。模型将进行 10 万次的随机抽样,并计算出林木的抵押价值,计算结果如下:

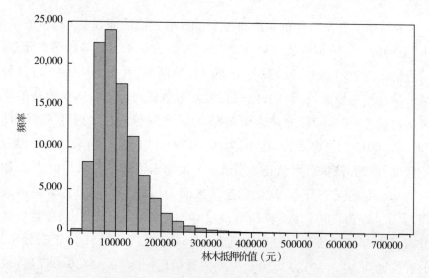

图 11 -9 基于收获现值法林木抵押价值蒙特卡洛模拟直方图

Fig 11 -9 Monte Carlo simulation histogram based on income method

表 11 -35 林木抵押价值蒙特卡洛模拟结果

Tab 11 -35 Monte Carlo Simulation Results of the forest Mortgage Value

统计量	收获现值法模拟结果
模拟次数	100000
均值	105082. 70
中位数	94259. 60
最大值	727800. 50
最小值	9699. 89
标准差	51649. 36
偏度	1. 61
峰度	7. 91
JB 检验	143616. 10
P 值	0

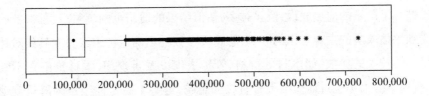

图 11 - 10　林木抵押价值蒙特卡洛模拟结果的箱型图

Fig 11 - 10　Box diagram of Monte Carlo simulation results of forest

mortgage value

通过蒙特卡洛模拟的结果以及所绘制的箱型图(见图 11 - 10)可以看出,基于收获现值法的蒙特卡洛模拟计算林木的抵押价值,其估值结果为右偏分布,即存在较多的异常值,因此无法采用正态分布中的均值和置信区间估计出抵押价值的价值区间,偏态分布由于存在异常值,因此,常采用上下四分位数来表示估值区间,结果为[68918.2,128997.2]。

11.5　评估结果的对比与分析

基于传统的收获现值法计算估值结果为 165557.8 万元;按照改进的评估思路得到的抵押价值评估结果为 77187.12 万元。对比两者的评估结果,传统参数的确定思路计算的是市场价值,抵押价值结算结果低于市场价值,本案例的待估资产为中龄林,存在一定的变现风险,计算得到的抵押价值是市场价值的约46.62%(77187.12÷165557.8×100%),由于此案例所涉及的评估项目还处于抵押期间,尚未经过实践的检验,但所得结果,从理论上是科学且可行的。利用蒙特卡洛模拟的方法所得到评估结果用一个估值区间表示为[68918.2,128997.2],这个结果与改进思路计算抵押价值的点估计结果相接近,抵押价值的点估计结果落在了蒙特卡洛模拟的估计的区间中,不同的是蒙特卡洛模拟考虑了参数的随机变动给估值结果带来的影响。

传统的收获现值法参数确定思路以及本文提出的抵押价值的计算思路,所得到的估值结果均为点估计,参数的选择和确定过程中均对资产的使用条件和使用状态进行了严格的前提假设,假设越多,估值结果的适用范围越狭窄,且参数的确定受到评估人员的主观意识的影响,忽略了参数的不确定性因素。尤其是对评估结果影响较大的参数,如木材的价格、管护成本以及折现率,木材价格在不断变化、折现率的大小也对估值结果有直接的影响,这些不确定性因素的随机变动会带来不同的评估结果。蒙特卡洛模拟的方法考虑了参数的不确定性,通过对参数的点估计扩大到服从某一概率分布的随机变量,从而使估值结果由点估计变为区间估计,对于评估报告的使用者,更具有参考价值。

11.6 本章小结

本章分别采用传统的参数确定方法、改进的参数确定思路和蒙特卡洛模拟的方法对中龄林的抵押价值进行了案例计算和对比,得出了以下结论。

(1)采用传统的收获现值法的参数确定思路计算中龄林的抵押价值其实是一种市场价值,按照本研究所提出的改进参数的确定思路本着谨慎性原则,且考虑了林木未来的变现风险,所计算的估值结果为抵押价值,抵押价值小于市场价值,为市场价值计算结果的近50%。这两种参数的确定均为点估计,即所有的参数都是确定性参数,估值的结果也为点估计。

(2)蒙特卡洛模拟的方法考虑了参数的不确定性,在对随机变量分布进行拟合的基础上,将随机变量代入公式中进行重复模拟,所计算的抵押价值考虑了变现风险和森林资源资产经营的不确定性因素,所得的估值结果为区间估计。抵押价值计算结果落在了蒙特卡洛模拟的估值区间中,案例资产处于抵押期间,估值结果尚未经过实践检验,但在理论上是科学且可行的。

12　结论及有待进一步研究的问题

12.1　研究的主要结论

本文通过对森林资源资产抵押贷款价值评估的理论及实务的分析和研究,主要得到以下结论:

(1)在对专业的林业评估机构的调查中发现,一方面,森林资源资产抵押价值评估业务从业务量到评估值从2008年以来逐年上升;另一方面,林业评估领域缺乏相关准则的指引,现有的评估技术规范和管理规范不足以支持现实业务的不断增长;在评估实践中,大多数林业评估价值类型的选择以"市场价值"为主,实践证明,抵押目的的林业评估选择"市场价值"无法有效降低金融机构的风险,评估方法的选择和参数的确定具有较大随意性,经验判断法缺乏科学依据。抵押贷款的发展,带来了林业评估行业的新机遇,同时也给林业评估行业带来了一定的挑战,如何建立一套森林资源资产抵押价值评估的理论和方法体系,是指导森林资源资产抵押价值评估业务发展的迫切要求。

(2)森林资源资产抵押价值评估一方面受到森林资源资产价值形成和价值特点因素的影响,另一方面受到抵押目的的资产评估理论的规范。本书一方面对森林资源资产的价值形成、价值特点和价值的影响因素进行分析,另一方面对目前发展并不成熟的抵押目的的资产评估理论进行了分析,在分析抵押目的下资产评估的理论框架和理论界、评估界对各个评估要素选择争论的基础上,提出了一套森林资源资产抵押价值评估的理论框架:以评估本质和评估目的为出发点,决定一系列的评估要素的选择,在各个评估要素中,以"抵押价值"作为核心概念,在评估方法的选择和参数的确定方面,都围绕"抵押价值"的概念为核心,突破了传统的"市场价值"下评估方法的参数选择。

(3)收益法一直以来被理论界认为是抵押价值评估的首选方法,尤其在房地产价值评估中,但在森林资源资产抵押价值评估中,由于受到资产本身特征的限制,收益法一般用于商品林的中龄林和始产期后的经济林的价值评估,因此,对收益法的研讨主要针对商品用材林中的中龄林阶段和产前期经济林。在参数的选择方面,建立了"抵押价值"评估参数的选择方法,运用时间序列分析预测抵押期间收益的变化情况,采用保守谨慎的参数确定方法,对折现率的确定,采用了风险累加法,建立了一套风险因素体系。风险指标体系的确立考虑了资产未来变现的风险,利用层次分析法和模糊综合评判的方法衡量森林资源资产的风险,改变了目前经验判断为主的折现率的确定方法。

(4)市场法被理论界大多学者认为不适于用于"抵押价值"的评估,而是"市场价值"的首选。本书分析了市场法中市场价倒算法在林木资产评估中的应用,受到资产自身特点的影响,市场价倒算法主要用于近、成、过熟林的价值评估。本书经研究认为,到达主伐期的森林资源资产使变现风险较低,应用市场价倒算法,在对未来抵押期价格和成本费用进行预测的基础上,完全可以采用市场法确定抵押价值。本书采用了时间序列对未来价格和成本费用进行预测,采用了谨慎保守的参数选择方法,并提出了采伐成本利润率确定的三种思路。

(5)成本法被德国房地产抵押价值评估准则认为是除了收益法之外的第二大支柱方法。本书通过研究认为,成本法并不适于计算森林资源资产的"抵押价值",原因在于资产本身的特点限制造成的。一方面,林业资产生长经营周期较长,成本项常常无法反映资产的真实价值,另一方面,成本法一般用于幼龄林或始产期之前的经济林价值评估,幼龄林未来经营的高风险性和不易变现性,使其并不适于作抵押资产,因此,评估方法的不适应性主要源自资产本身的限制。成本法的应用,也存在一定的现实问题,本书运用马克思主义劳动价值论的观点,对成本法计算公式进行了修正,改变了目前评估实务中,采用与收益法折现率相同的复利系数,采用资产时间价值表现利率,另外加入了行业平均成本利润率的考虑。

(6)无论是传统方法的参数确定思路还是本书所提出的抵押价值参数的确定思路,估值结果均为点估计,所有的参数都是确定性参数。蒙特卡洛模拟的方法考虑了参数的不确定性,在对随机变量分布进行拟合的基础上,将随机变量带入公式中进行重复模拟,所计算的抵押价值考虑了变现风险和森林资源资产经营的不确定性因素,所得的估值结果为区间估计。

(7)分别按传统方法计算了"市场价值"和按出文思路计算了"抵押价值",结果是抵押价值低于市场价值,成熟林的抵押价值是市场价值的近70%,中龄林的抵押价值是市场价值的近50%,说明成熟林的未来变现能力最强,抵押价值与市场价值的差距相对较小。同时采用蒙特卡洛模拟的方法计算了中龄林和成熟林的抵押价值,结果为区间估计,抵押价值计算结果均落在了蒙特卡洛模拟的估值区间中,计算结果在理论上是科学且可行的。

12.2　有待进一步研究的问题

本书的研究主要针对商品林资产和其林地使用权的经济价值,随着林业经济的发展,林下资源、生态资源和景观资源等林业资源在产权明晰的基础上,都可以作为抵押资产,其抵押价值的评估有待进一步研究。

受到林业相关财务数据缺乏的限制,本书的研究采用了来源于《中国林业统计年鉴》的统计数据和案例企业当地林业部门的调研数据,随着林业大数据的应用,如何对相关数据进行科学的收集以及建立林业信息数据库,是今后研究的一个方向。

成本法应用于幼龄林的抵押价值评估,幼龄林自身的未来经营风险和市场变现风险如何进行科学的衡量,需要今后继续研究。

案例的验证来源于实际,市场价值计算结果基于传统方法,抵押价值的计算基于本书的参数确定方法,得到的抵押价值低于市场价值,且越接近主伐期的林业资产,抵押价值与市场价值差距越小的结论。蒙特卡洛模拟方法所计算结果为估值区间,从理论上讲是科学且可行的,但由于这些案例所涉及的评估项目还处于抵押期间,尚未经过实践的检验,需要在今后的实务研究中,采用实证的方法对其科学性进行进一步验证。

参考文献

一、中文文献

[1]石道金等.基于农村金融创新的浙江森林资源资产抵押贷款研究[M].北京:中国林业出版社,2010

[2]中共中央国务院关于加快林业发展的决定[EB/OL]. http://www. china. com. cn/chinese/PI - c/401953. htm,2003 - 6 - 25.

[3]国家开发银行、国家林业局关于开展林权抵押贷款工作的指导意见[EB/OL]. http://www. gov. cn/jrzg/2008 - 07/14/content_1044403. htm,2008 - 6 - 8.

[4]张蔺冰.森林资源资产抵押贷款研究综述[J].林业经济问题,2010,30(4):318 - 325.

[5]中华人民共和国土地管理法[EB/OL]. http://lvshi. bj. bendibao. com.

[6]中华人民共和国土地承包法[S]2003.

[7]中华人民共和国森林法[S].1998.

[8]国家林业局森林资源资产抵押登记办法(试行)[EB/OL]. http://www. zgtax. net/plus/view. phpaid = 307511,2004 - 7 - 5.

[9]中华人民共和国担保法.[EB/OL]. http://211. 94. 130. 173:1011/law/home/begin1. cbs.

[10]汪永红,祝锡萍,石道金.森林资源资产抵押贷款概念框架研究[J].林业经济,2008,(2):39 - 52.

[11]杨云.林权抵押贷款的几种模式及可持续性问题探讨—福建省案例研究[J].林业经济,2008(2):44 - 45.

[12]邹海林.抵押物的转让与抵押权的效力[J].法学研究,1999(4):136 - 140.

[13]李莉.林木资产与林权抵押借贷双方行为的经济分析[D].福建农林大学,2008.

[14]赵显波,李栋.关于辽宁省林权抵押贷款的调查报告[J].林业经济,2009(4):18 -20.

[15]胡德耀.林权贷款相关问题分析[J].合作经济与科技,2010(18):55 -56.

[16]黄顺斌.完善森林资源资产抵押贷款模式的几点思考[J],林业财务与会计,2005 (9),21 -23.

[17]汪永红.浙江森林资源资产抵押贷款融资创新研究[D].浙江工业大学,2007:

[18]陈文琴.森林资源资产抵押贷款风险监管研究[D].福建农林大学,2008:33 -38

[19]李莉.林木资产与林权抵押贷款借贷双方行为的经济分析[D].福建农林大学,2008:

[20]资产评估准则——基本准则[EB/OL].2004.http://www.cas.org.cn/pgbz/ pgzc/7260.htm.

[21]曲卫东.德国房地产抵押价值评估理论与实践[M].中国大百科全书出版社,2010.

[22]曲卫东,德国房地产抵押价值评估理论与实践[M].北京:中国大百科全书出版 社,2010.

[23]国际评估准则委员会著,中国资产评估协会译.国际评估准则2007[M].中国财政 经济出版社,2010.

[24]国际评估准则理事会著,中国资产评估协会译.国际评估准则2011[M].经济科学 出版社,2012.

[25]美国评估促进会评估准则委员会著,王诚军译.美国评估准则[M].中国人民大学 出版社,2009.

[26]建设部、中国人民银行、中国银行业监督管理委员会.房地产抵押估价指导意见 [EB/OL].2007.http://wenku.baidu.com.

[27]中国资产评估协会.资产评估价值类型指导意见[EB/OL].2007.http:// www.cas.org.cn/.

[28]贷款风险分类指导原则(试行)[EB/OL].http://www.lawyee.net/Act.

[29]崔宏.基于银行贷款安全的抵押贷款价值评估[J].经济理论与经济管理,2008 (6):53 -56.

[30]崔宏.基于银行贷款安全目的的抵押资产评估理论与方法创新[J].金融论坛, 2007,(1):42 ~47.

[31]刘桂良,招平.抵押资产价值评估方法的创新[J].系统工程,2004,(9):104 -106.

[32]周建佐.抵押贷款评估假设及相关问题探讨[J].中国资产评估,2002,(4):18 - 19.

[33]兰瑛.加强抵押评估管理,维护金融资产安全[J].中国资产评估,2004,(3)21 - 25.

[34]王生龙.关于抵押贷款评估有关问题的探讨[J].中国资产评估,2003,(1):21 - 23.

[35]成以力.抵押资产评估有关问题的探讨[J].现代管理科学,2002,(3):61 - 62.

[36]王富炜,田治威,张海燕.森林资源资产抵押贷款价值评估研究[J].林业经济, 2008,(11):12 - 15.

[38]王书仁,刘元蕊.抵押贷款资产评估应注意的问题[J].中国房地产金融,2004, (11)43 ~ 46.

[39]朱晶.抵押资产评估中应把握的一些问题[J].吉林省经济管理干部学院学报, 2007,(5):52 - 54.

[40]中国人民银行丽江中心支行课题组.推进林权抵押贷款存在的问题及对策——以 丽江为例[J].时代金融,2010,(11):139 - 142.

[41]侯元兆,中国森林资源核算研究[J],世界林业研究,1995(3):51 - 56.

[42]侯元兆,张颖,曹克瑜.森林资源核算[M].中国科学技术出版社,2005.

[43]陈平留,森林资源资产经营评价的指标体系研究[J].林业经济,2001(10):27 - 29.

[44]陈平留,刘健.森林资源资产评估运作技巧[M].中国林业出版社,2002.

[45]陈平留.福建省森林资源资产评估存在的问题与对策[J].森林资源资产化管理, 2004(8):25 - 26.

[46]魏远竹.森林资源资产化管理研究[M].中国林业出版社,2007.

[47]王立苍.森林资源资产评估中利率确定方法探讨[J].林业调查规划,2010,(6):68 - 70.

[48]万道印,李耀翔.用材林林木资产评估模式及方法[J].森林工程,2007,23(4):80 - 81.

[49]万道印,苏喜延,王玉峰等.小兴安岭用材林林木资产评估的研究[J].森林工程, 2009,(11):15 - 18.

[50]王宏伟,霍振彬,赵建平.对《森林资源资产评估技术规范》中若干问题的探讨[J]. 林业资源管理,2009.2:30 - 34.

[51]湖南省林业厅,中国农业银行湖南分行课题组.加强森林资源资产化管理——探 索森林资源资产融资新途径[J].林业财务与会计,2001,(6):30 - 31.

[52]陈平留.福建省森林资源资产评估存在的问题与对策[J].森林资源资产化管理, 2004(8):25 - 26.

[53]陈平留.森林资源资产经营评价的指标体系研究[J].林业经济,2001,(10):27－29.

[54]刘降斌.林地资源资产评估方法研究[J].哈尔滨商业大学学报(社会科学版),2007(2):42－45.

[55]林凡华,王庆林.森林资源资产评估技术研究[J].林业科技,2007,(01):17－21.

[56]胡瑶瑶,奚祥华.林地资产评估方法研究[J].中国林业经济,2009,(06):17－20.

[57]张道卫,王宏伟,曹建华.从一起美国森林资产评估官司看我国森林资产评估技术规范[J].林业经济,2008(4):74－78.

[58]赵邦宏.企业价值评估方法研究——问题、对策与准则[D].中国农业大学,2003:20－23.

[59]国家国有资产管理局林业部.森林资源资产评估技术规范(试行)[S].1996:16－30.

[60]李莉,黄和亮,吴秀娟.林权抵押贷款借贷双方的行为分析——以福建省永安市为例[J].林业经济问题,2008,(1):81－86.

[61]蔡会德,唐义华.林地资产评估中立地质量系数确定方法研究[J].林业勘查规划,2006(1):80－83.

[62]郭强,伍青.蒙特卡洛模拟在收益法评估中的运用[J].中国资产评估,2005(11):31－37.

[63]朱强.蒙特卡洛方法在收益法评估中的应用研究[D].河北农业大学,2013.

[64]闫雪晶.蒙特卡洛模拟方法在房地产投资风险分析的应用[D].西南财经大学,2006.

[65]陈蕾,古梦迪.蒙特卡洛模拟在周期性公司收益法估值预测中应用研究[J].财会通讯,2013.

[66]王寅.蒙特卡洛模拟法在房地产投资风险评估中的应用[J].经济论坛.2010(7):148－149.

[67]刘桂良,招平.抵押资产价值评估方法的创新[J].系统工程2004,(9):104－106.

[68]周训芳.物权法与森林法知识读本[M].中国林业出版社,2007

[69]顾善松.林权诸概念之探讨[J].林业经济问题,2004,24(2):108－110

[70]国家林业局.林木和林地权属登记管理办法[EB/OL].http://www.greentimes.com.2010－9－29.

[71]全国注册资产评估师考试用书编写组.资产评估[M].中国财政经济出版社,2008.

[72]尉京红,王淑珍,郭丽华.资产评估理论与实务[M].中国市场出版社,2004.

[73]财政部、国家林业局.森林资源资产评估管理暂行规定[EB/OL].http://www.mof.gov.cn,2006-12-25.

[74]温世扬.物权法要义[M].法律出版社,2007.

[75]周训芳.物权法与森林法知识读本[M].中国林业出版社,2007.

[76]全国注册资产评估师考试用书编写组.资产评估[M].中国财政经济出版社.2011.

[77]全国注册资产评估师考试用书编写组.资产评估[M].中国财政经济出版社.2011.

[78]马克思恩格斯全集,第26卷Ⅲ[M].人民出版社,1972.

[79]范文娟.我国生物资产价值评估方法研究[D].内蒙古农业大学,2010:25-39.

[80]王建忠.资产评估理论结构研究[D].西南财经大学,2008:132-135.

[81]高鸿业.西方经济学微观部分[M].中国人民大学出版社,2004.

[82]马小琪.基于博弈论的资产评估机理与方法研究[D].哈尔滨:哈尔滨工业大学,2006:22-27.

[83]中国人民银行.贷款风险分类指导意见[EB/OL].1998.http://www.chinaacc.com.

[84]资产评估价值类型指导意见[EB].http://www.mof.gov.cn.

[85]刘桂良,招平.抵押资产价值评估方法的创新[J].系统工程2004,(9):104-106.

[86]崔宏.基于银行贷款安全目的的抵押资产评估理论与方法创新[J].金融论坛,2007,(1):42~47.

[87]财政部"资产评估与金融风险防范"课题组.资产评估与金融风险防范[M].经济科学出版社,2009.

[88]王建忠.资产评估理论结构研究[D].西南财经大学,2008:28-35.

[89]崔平.地理的概念及评价指标[J].林业经济,1996,(3)63-64.

[90]皮特.H.皮尔森著,张道卫译.林业经济学[M].中国林业出版,1994.

[91]G.鲁滨逊·格雷戈里著,许伍权,赵克绳等译.森林资源经济学[M].中国林业出版社,1985.

[92]陈平留,刘健.森林资源资产评估运作技巧[M].中国林业出版社,2002.

[93]张卫民.森林资源资产价格及评估方法研究[M].中国林业出版社,2010.

[94]李珍,赵慧峰.谈改进林权抵押贷款资产评估[J].财会月刊,2011,(7):64-65.

[95]国际评估准则理事会,中国资产评估协会.国际评估准则[M].经济科学出版社,2012.

[96]刘群.资产评估理论构建中的若干基本问题探讨[J].行政事业资产与财务.2011,(7):52-54.

[97]资产评估准则释义,资产评估——评估程序[EB/OL]. http://www. cas. org. cn/zg-zcpgzz/zcpgzzjsy/

[98]崔宏.基于银行贷款安全的抵押贷款价值评估[J].经济理论与经济管理,2007,(6):53 –56.

[99]唐璐.抵押目的不动产价值评估方法研究[D].中国人民大学,2005:23 –30.

[100]陈平留,刘健.森林资源资产评估运作技巧[M].中国林业出版社,2006.

[101]荆新.财务管理学[M].中国人民大学出版社,2012.

[102]于磊.技术型知识产权资产评估方法研究[M].河北农业大学2008.

[103]郑德祥.森林资源资产经营若干问题分析研究[M].中国林业出版社,2006.

[104]曹容宁.营林项目风险评估,决策与防范体系研究[D].南京林业大学,2007:29 –35.

[105]焦树锋.AHP法中平均随即一致性指标的算法及 MATLAB 实现[J].太原师范学院学报,2006(12):45 –47.

[106]奈特,王宇,王文玉. 风险、不确定性和利润[M]中国人民大学出版社,2005.

[107]李颜娟.资产评估成本法的经济学分析[J].长春工业大学学报,2007,(3):6 –8.

二、英文文献

[1]RICS Valuation – Professional Standards[S]. 2012.

[2]Bienert and Rehkugler,H 2005,The Mortgage Lending Value Prospects for Development with in Europe[EB/OL]. http://www. tegova. org\bin.

[3]Philip Malaquin,2004,International Conver gence of Capital Measurement and Standards[EB/OL]. http://www. bis. org

[4]Bienert. S. and Rehkugler,H. 2005. The Mortgage Lending Value – Prospects for Development within Europe[EB/OL]. http://www. tegova. org/bin.

[5]Bartho C. The reform of public funding for forestry investments[J]. Revue Forestiere Forestiere Francaise,2001:53

[6]Robert T. Brools. Abundance,distribution,trends,and ownership patterns of early – successional forests in the northeastern United States [J]. Forest Ecology and Mangement,2003:65 –70.

[7]Borst,R. A. Artificial neurl networks:the modeling\calibration technology for the assessment community[J]. Property Tax Journal. 1992,10(1):69 –90.

[8]Bellinger. Hypothekenbankgesetz. Kommentar[M],4. Auflage 1995.

[9]Review of State and Private Forestry[J]. Committee on Agricultere of America,2002:30 –

36.

[10] Michael L Morrison, An Evaluation of Resource Inventory and Monitoring Program Used in National Forest Planning[J], Resource Inventory and Monitorring: 145 – 150.

[11] Minna H, Community forest and environmental literacy in northern Thailand: Towards collaborative natural resource management and conservation. Academic dissertation in University of Helsiki, Thailand: 11 – 12.

[12] Rin Janssen and Jose E. Padilla. Preservation or Conversion? Valuation and Evaluation of a Mangrove Forest in the Philippines [J] Environmental and Resource Economics 14, 1999: 197 – 331.

[13] Philip Malaquin, 2004, International Conver gence of Capital Measurement and Standards [EB/OL]. http://www. bis. org.

[14] Zamora, P. M. Philippine Mangroves: Their Depletion, Conversion and Decreasing Productivity, Wallaceana 58: 1 – 5.

[15] Grossman M, Bohren, BB: Logistic growth curve of chickens: habitability of parameters [J]. Hered, 1985, 76: 459 – 462.

[16] French N. and Gabriell L. (2004) The uncertainty of valuation, Monograph, Department of Real Estate and Planning, The school of Business, The University of Reading.

[17] Giaccotto & Clapp, Appraisal – Based Real Estate Returns under Alternative Market Regirnes[J]. Real Estate Economics, 1992(1).

[18] Abhishek Vaish, Aditya Prabhakar, Quantifying Information Dynamics Through a New Valuation System Information[J]. Management & Computer Security, 2011(5).

[19] Hans Janssen, Monte – Carlo based uncertainty analysis: Sampling Efficiency and Sampling Convergence [J]. Reliability Engineering and System Safety, 2013.

[20] Abhishek Vaish, Aditya Prabhakar, Quantifying Information Dynamics Through a New Valuation System Information[J]. Management & Computer Security, 2011(5).

[21] Ratcliff, Generalized Iterative Scaling for Log – linear Models [M]. The Annals of Mathematical Statistics, 1972(5)

附　录

附录 1　市场价倒算法林木抵押价值蒙特卡洛模拟程序

```
% E = W − C − F
Q = 5220 ∗ 0. 56;% 销售量
n = 100000;% 模拟次数
for i = 1 : n
    R =  normrnd(0. 01 ,0. 02 ,10 ,1) +1;% 价格变化率
    P = 345 ∗ cumprod(R);% 原木价格
    W(i,1) = P(10,1) ∗ Q;% 销售收入
    c = 575720. 72;% 木材采伐成本
    f = 74843. 69;% 木材生产经营的合理利润
    E(i,1) = W(i,1) − c − f;
end
[ mu ,sigma ,muc ,sigmac ] = normfit( E ,0. 01 ) ;
hist( E ,20)
```

附录 2　收获现值法林木抵押价值蒙特卡洛模拟程序

```
% 收获现值法
K = 0. 95;% 林分调整系数
Q = 1998 ∗ 0. 729;% 主伐期蓄积量
```

```
n = 100000;
for i = 1:n
    R = normrnd(0,0.018,10,1) +1;%价格变化率
    P = 260 * cumprod(R);%原木价格
    Au = P(10,1) * Q;
    risk = normrnd(5,3);
    l = normrnd(3.461,0.551,10,1) + risk;
    s1 = (1 + l(10,1)/100)^( -15);%主伐期纯收入折现
    E1 = Au * s1;
    C1 = exp(normrnd(2.334,0.431,10,1));
    S2 = cumprod(1 + l/100);
    C = C1 * 167. /S2;
    TC = sum(C);
    E(i,1) = (E1 - TC) * K;
end
[mu,sigma,muc,sigmac] = normfit(E,0.01);
hist(E,15)
```

后 记

初春的清晨，凉风习习，此书落笔之际，诸多感慨涌上心头。自 2010 年接触森林资源资产评估以来，我对林业评估领域产生了浓厚的兴趣。本书以森林资源资产抵押贷款价值评估的发展为背景撰写而成。

自从 2013 年博士毕业以后，本人一直从事与森林资源资产评估与抵押价值评估相关的研究，在前期研究基础上，分别承担了河北省教育厅课题、河北省社科联发展研究课题、河北省社会科学基金项目等。本书的撰写得到了河北省 2016 年社科基金项目（一般项目，课题编号：HB16YJ058）的资助。本书是在以往研究的基础上，以博士论文为蓝本，对森林资源资产抵押价值评估的理论和方法问题，经过重新整理和完善而得以完成。

本书的撰写是在我的恩师赵慧峰教授的悉心指导下完成的。赵老师在本书选题、结构安排、评估公司调研、写作、修改直至定稿，都给了我极大的帮助。赵老师深厚的学术功底、严谨认真的治学态度以及缜密的逻辑思维，让我受益匪浅，是我终生的学习榜样。赵老师教导我们，"做学问，首先要学会做人"，这句话我一直铭刻在心。

感谢我的硕士研究生导师王建中教授和王淑珍教授，两位老师的治学精神一直影响着我，工作和学习中每每遇到困难，还是习惯性地去请教他们。此外，河北农业大学资产评估研究所的尉京红、赵邦宏教授对本书的写作倾注了大量心血，多次提出了宝贵的修改意见。

感谢博士研究生的导师组成员：许月明教授、李建民教授、王健教授、路剑教授、张润清教授和孙文生教授。是他们传授的专业知识为论文的写作打下了坚实的基础。同时还要感谢财务管理系和会计系的各位老师,他们在资料的搜集以及本书的写作过程中都给予了极大的帮助和指导,刁钢老师在本书的数据整理和实证方面也给予了帮助,每每想起这些,内心洋溢着感激之情。

在北京中林资产评估有限公司实习的近一年的时间里,我结识了很多领导和朋友,感谢霍振彬董事长、宋力总经理、宋军彦副总经理,特别感谢评估部赵建平主任,为本书的实地调研和资料的搜集提供了无私的帮助,耐心地给我讲解实务中的难题。

本书的出版得到了河北农业大学商学院院长王建忠教授和农林经济管理学科点的大力支持,在此,向上述对本书撰写提供帮助的各位师长和领导表示衷心的感谢。对河北省社科发展研究课题的立项支持表示感谢。

由于本人能力所限,加之客观条件的限制,本书的写作还存在不足之处,恳请业内专家、学者和评估实务界人士批评指正,也期待广大读者在森林资源资产评估以及抵押价值研究方面进行广泛的交流和沟通。

李　珍

2017 年 5 月于保定